《海聚英才 逐梦前行》编委会

总　策　划：上官剑

编　　　委：丁　波　谭朴珍　陈　峰　韩　晗　褚鑫钰　韩　煦

责任编辑：韩　煦　王　东

执行编辑：汪　瑜　王星懿　陈冠君　沈　越　陈砚颖　潘禺仁

海聚英才

逐梦前行

——新时代上海青年的创新创业故事

上海市人才工作领导小组办公室
共青团上海市委员会

编

上海三联书店

序

　　"创新"是上海城市品格的关键词，立足江与海、纵览中与西，上海的城市发展蕴含着敢为天下先的创新智慧。"创业"是上海城市基因的鲜活特质，"一大"的开天辟地、浦东的日新月异，上海的城市历史见证着闯出一番新天地的创业精神。海聚英才，逐梦前行，新时代的上海正呼唤着青年人才聚上海、创未来。

　　新时代，新机遇。当前，上海正在深入学习习近平总书记关于做好新时代人才工作的重要思想，贯彻落实习近平总书记考察上海重要讲话和在浦东开发开放 30 周年庆祝大会上重要讲话精神，贯彻落实中央和上海市人才工作会议精神，牢固确立人才引领发展的战略地位，持续强化"四大功能"、建设"五个中心"，向着建设高水平人才高地、卓越的全球城市和社会主义现代化国际大都市目标迈进。在市人才工作领导小组办公室的指导下，共青团上海市委推出"海聚英才"青年专项行动，实施"上海市青年创业英才开发计划"，承办"海聚英才"全球创新创业大赛创业赛道（青年组）赛事，发起助力在线新经济企业发展的"伙伴行动"，并且连续八年举办"创青春"上海青年创新创业大赛，鼓励了近万名青年创业者登上舞台，600 多个获奖项目，见证了一大批优秀项目脱颖而出。

海聚英才，潮涌浦江。上海这座城市由创新创业成就，是创新的高地、创业的乐园、投资的热土，不同领域的青年人才在上海不断开启着青春逐梦之路。本书选取了他们当中的代表，讲述他们为何选择上海、如何在这里创造梦想的故事，生动地展现出青年与城市共同成长的画卷。当前，上海巩固疫情防控成果不容丝毫松懈，加快经济社会恢复的任务也日益迫切。"疫情要防住、经济要稳住、发展要安全"，需要各界青年人才一起贡献才智、贡献力量。我们将与所有关心和支持青年人才的朋友们一道，为青年人才挑大梁、当主角搭建舞台，也期待着更多青年人才汇聚在上海、创业在上海、出彩在上海！

2022 年 6 月

contents 目录

挑战自我，引领未来

contents 目录

锐意探索，攻坚克难

潜心专注，砥砺前行

contents 目录

兼收并蓄，推陈出新

挑战自我
引领未来

胡心怡：实现矿山采运无人化

　　人工智能作为一项前沿技术，整个市场对人才的需求非常大，投入到这个领域是非常有前景的。对于想投身人工智能领域的青年，我有三个建议。第一，除去技术本身来说，我们应该更关注人工智能技术真正能够商业落地的场景和创造的价值；第二，要分析自己的优势，能在这个领域里，作出怎样的贡献；第三，要加入一个快速增长的公司，或者在条件允许的情况下，自己创业也是一个不错的选择。

爬矿山、住工棚、吃泡面……作为人工智能领域的创业者，为什么要爬几十座矿山，天天过着"吃土"的日子？这就是胡心怡和团队近几年的真实写照，之所以要去矿山，是为了和团队一起把自动驾驶技术应用到矿山里去解放人力，提高生产的安全性，以实现自己的创业初心：让人工智能技术造福人类。

带着"壕车队"深入矿山，无人驾驶助传统行业智能化升级

2021年底，身在鄂尔多斯的胡心怡在朋友圈分享了一组照片，图上一辆辆的矿车正在空无一人的矿区里兢兢业业地当着"搬运工"，车身上"无人驾驶""伯镭智驾"的字样非常显眼。胡心怡配文称："在顺利通过'绿色矿山'验收后，我们的无人驾驶矿车正式编组投入生产，从此，我们有了自己的'壕车队'。就喜欢看它们'不知疲倦'为我们拉矿的帅气样子。"这就是胡心怡和伯镭科技正在致力于研发的自动驾驶电动矿车，推动矿山运营的低碳化和无人化。

"我们做的事就是把矿山里的矿石用挖掘机进行归集，再装上矿车运出矿区投入生产，解决的就是在矿场里归集的这一部分工作。"胡心怡说，在这个工作流程中，挖掘机和矿车里都是没有司机在内操控的。伯镭科技通过自主研发 AI 算法、线控、云计算等技术形成 L4 级自动驾驶全栈技术，已经帮助超过 10 家矿山企业开展无人化升级，进一步实现用 AI 创造生产力的愿景。

为什么要在矿区引入无人驾驶系统？"矿区场景相对而言比较危险，导致招工难。尤其是去年疫情最严重的时候，在新疆等地，很多矿场都没人开车，工作停滞，让矿场非常着急。"为了解决这一难题，

伯镭科技为矿区场景打造了露天矿山智能化解决方案，包括了伯镭自主研发的 iDrive 自动驾驶系统、远程遥控系统、V2X 系统及铲运监控调度系统等多个模块。

　　除了能有效避免人为因素导致的安全事故，保证矿山安全生产，胡心怡分析，矿山进行无人化改造的好处还有很多。比如，可以提供更可靠的可持续运力，实现一周 7 天 24 小时全天候的稳定运输。此外，自动驾驶技术会使矿山的运营成本下降 50%，提升运输效率。同时，还能降低对环境的影响。通过电动车队代替燃油车队，可降低 10% 的油耗。

　　据辰韬资本发布的《矿山自动驾驶赛道研究报告》显示，国内矿

山自动驾驶市场规模超千亿元，其中，露天矿山的土石方运输是最适于自动驾驶推广应用的场景。据了解，矿山按开采方式可分为露天开采和地下开采两种。相比地下开采，露天矿的本质是大型地面土石方剥离工程，作业空间开放、基础设施的建设成本相对较低，5G等通讯传输技术及定位技术易于实现。

目前而言，露天矿山被认为是最适合无人驾驶落地的场景之一。因为矿区的运输道路相对封闭，矿车都在相对固定的路线上运行，时速往往低于30km/h，载货非载人。基于这些因素，自动驾驶技术在这一场景中比较容易落地。

创业在上海，让技术走向世界

胡心怡本科毕业于上海交通大学机械与动力工程学院，师从交大智能机器人研究所曹其新教授。在这里，他不但找到了未来创业的方向，还结识了志同道合的创业伙伴杨扬。他们不仅是同班同学，杨扬还是胡心怡"睡在上铺的兄弟"。这位交大的机器人学博士，同时也是"上海青年科技启明星"，是机器视觉与自动移动机器人技术专家，发表过顶级论文 10 篇。

但如今，这位大学霸却常常要带着团队里的科技人才一同去爬矿山、住工棚、吃泡面、风餐露宿。胡心怡粗略估计，过去两年里他们爬了全国三十几座矿山，虽然辛苦，但他们希望能助力传统行业绿色化、智能化，让科技赋能矿山的无人化升级，正如胡心怡的创业初心所愿"让人工智能技术造福人类"。

公司入驻上海张江，员工却常常要跑到"千里之外"爬矿山？当被问及为什么选择留在上海创业时，胡心怡却表示，回顾创业以来的这六年，来自浙江衢州的他很感谢当时自己勇敢地离开了舒适区，选择在上海创业。

胡心怡认为，在上海创业有非常明显的三大优势。一是人才优势，这里拥有全国最优秀的人才；二是资源优势，上海有着丰富的金融资源和行业资源；三是政策优势，上海非常注重科技创业，有很多的政策支持来帮助科技类产业的发展。

"我们原来觉得在上海离矿区很远，但后来发现，现在很多矿产企业的总部都在上海。我们在上海找到了很多的客户，比如中国建材集团、宝武集团、中国黄金等。"胡心怡觉得，这是一个非常美妙的巧合，如有神助。

上海给创新创业者提供了展示自我的广阔舞台，他们也纷纷用自己的方式来回馈这座城市，胡心怡也是如此。今年，伯镭科技在上海交通大学智慧能源创新学院捐资设立"伯镭奖学金"，为支持学院教育事业发展，激励学生在校期间努力学习，开拓创新，加强理论与实践的结合。

胡心怡表示，"伯镭奖学金"主要用于奖励学院内品学兼优、学术成果突出，具有创新精神、实践能力的全日制在读优秀本科生、硕士研究生。胡心怡还透露，明年计划在他的母院机械与动力工程学院设立一个联合研发中心，培养和吸引技术人才。从自身业务和研究方向出发，与母校上海交大建立产学研全方位连接。

2020 年，伯镭科技与华为签约"MPA"协议，成为"5G+ 智能矿山"首个合作伙伴，与华为共同推出酒钢西沟矿"5G+ 智能矿山"项目，实现国内首例"无安全员"的自动驾驶矿卡夜间生产；2021 年 8 月，他们又得到了国家电投超 2 亿人民币融资，并联合研发自动驾驶电工矿产、在国家电投露天矿山等大型露天矿山运营车队、扩充技术和商务团队、在内蒙和新疆等大矿集中的地区设立区域分公司。2020 年，国家发改委等部门联合发布的《关于加快煤矿智能化发展的指导意见》中明确提出，到 2025 年，大型煤矿和灾害严重煤矿基本实现智能化，形成煤矿智能化建设技术规范与标准体系，露天煤矿实现智能连续作业和无人化运输……

利好消息纷至沓来，对于胡心怡来说，一切才刚开始，正等待着他和团队大展拳脚。胡心怡表示，等全球疫情稳定之后，他们也计划将自己的技术和产品输出到海外，在人力成本更高的国家，会有更大的空间来发挥他们的能量。

蔡娴／文　吴恺／图

人物名片

胡心怡，伯镭科技创始人兼 CEO，入选"千帆行动"上海市青年企业家培养计划，上海市青年创业英才，毕业于上海交通大学，拥有中欧国际工商学院 MBA。伯镭科技是全球泛在机器人技术的引领者，致力于自动驾驶等人工智能技术的研发和应用。于 2021 年获得国家电投的战略投资，成为国家电投绿电交通生态成员，参与开发无人驾驶电动矿卡，并联合华为输出 5G 绿色智能矿山综合解决方案，推进矿山运营的低碳化和无人化。

王祥：在创业领域"数"启未来

　　未来 10 年，城市的数据将覆盖方方面面。我们就是为智慧城市的建设添砖加瓦。我们目前接到最大体量的是百万级的项目，之后可能会有千万级的项目，业务范围可能覆盖整个城市的专业领域，有了这些数据，城市的建设也将变得更加高效、美好。

从学在上海，到工作在上海，再到创业在上海，上海联泉智能科技有限公司创始人王祥对上海有着极其深厚的感情，也在这片土地上"创"出一片天地。从 2015 年创业至今，王祥带领团队依托云平台和大数据技术，为客户量身打造数据监测信息化解决方案。

初心迭代：从学术研究到创业孵化

2005 年，来自安徽合肥的王祥在高校报考的最后一天，把志愿改为同济大学，如愿来到上海念书。"我将来想做一名优秀的企业家，当然要来商业氛围最好的城市——上海。"读书时的一句话一直印刻在他的脑海里，也成为他读书期间的奋斗方向。

读书期间，王祥陆续学习了四个专业。他大一学临床医科，大二转进修工业工程，并在课余时间辅修国际商务专业。研究生时期，王祥则主修软件工程。多年跨学科经历开阔了他的眼界和见识，帮助他在"复合型人才"的道路上不断前行。在研二就读时，王祥就"试验型创业"，成立了一家公司主营软件外包业务，组建了一个由研究生和博士生组成的软件外包团队。他边读书边干活，在毕业时完成了人生第一桶金的积累，并完成了在沪购房的人生大事。

2013 年研究生毕业的王祥第一次创业历程暂告一段落。他应客户邀请加入民营公司，成为一个研发部门经理。毕业后的王祥一直有颗"创业的心"，两年工作经历为创业之路打下坚实基础，让他感受到了组建团队的快乐和从 0 到 1 的创业成就感，并对工业互联网也有了更深刻的认识："传统的公司只是单一地采集数据，采集方式单一，数据形式也无法满足客户更高的需求。我就想能不能找到需求的痛点，免去重复开发的繁复流程，专业做数据，将通用的数据集成整合。"

2015年，王祥选择创业，带领团队成立上海联泉智能科技有限公司，这是一家集数据采集、数据展示、数据报警、数据分析、数据决策于一体的高新技术企业。初创时期，这家公司只有5个人，租借了100平方米的场地作为办公室。王祥力求稳字当头，几乎有点关系的业务都会去接。2015年年底时，一家浙江公司发来一单业务，要求年前完成当地农村污水监测系统建设。这单业务报价20万元，毛利仅2万元左右，工期只有15天，非常紧张。眼看着岁末年初工人即将放年假，根本没公司愿意接单，当时的他咬牙接了这个单子，天寒地冻他带着人挖管道、装流量计，加班加点在春节前做完了项目。这单业务完成得让客户感动，随后又给王祥介绍了一个200多万元的业务合作。从起步到发展，他和团队成员在创业路上稳扎稳打，凭借创业项目的优异表现，顺利拿到上海市大学生科技创业基金会同济分基金第十七批基金的最高资助额30万元，并正式入驻同济孵化器平台。

齐头并进：用项目与研发完成市场需求

项目带动研发，在创业初期，王祥就坚定了这个想法。从传感器上读出的数据能够及时显现在远程的计算机上，精确到每一个细微的时间点和每一个细小变化。联泉智能所做的，就是用精准的大数据存储和分析，为客户提供定制化的数据解决方案。王祥带领公司以传感器、自主研发的数据采集仪或第三方数据转换器为基础，实现底层设备物联，依托云平台和大数据技术，以客户个性化需求为导向，量身打造污水数据监测、空气数据监测、能源数据监测或生产数据监测信息化解决方案。2016 年 11 月 19 日，联泉智能成功从来自全国各地的399 件作品突围，荣获 2016 年"创青春"全国大学生创业大赛金奖。且公司在成立第二年就获得了"高新技术企业"称号。

"这些年我们发展得稳扎稳打，市环保局、水务局，还有不少汽车零部件制造厂，都是我们的稳定客户，这些稳定的客户给我们带来一半以上的产值。"王祥说，他们的目标是今年 1.2 亿元销售额。如今联泉科技员工增加到 100 多人。公司成立至今，已经获得了"小巨人企业"、"双软"认证企业、博士后创新实践基地、上海最具投资潜力 50 佳创业企业、工业设计企业等荣誉资质，同时公司在 2019 年被上海市经信委纳入上海市工业互联网专业服务商推荐目录。

在智慧能源、智慧环境深度探索后，2018 年，他们决定向更广阔的智慧工厂进军，公司也实现更大体量的增长。

数字转型：助力智慧城市发展

在一个河道的智能监测系统中，企业将工厂污水检测系统转移嫁接进来，将原本至少需要 2-3 个月重新开发编写代码的过程快速实现，产品质量和服务效率得到了客户的肯定。

"事实上，很多经验、采集软件、看板都是可以通用的，但现实中往往只有针对具体领域的数据公司，却几乎没有像我们这样专业系统做数据解决方案的企业。"王祥表示，传感器以上的部分，从通讯、数据采集、到软件看板都由企业自主研发设计集成。"比如河道的项目，太阳能的电池板、浮筒、传感器我们都会提前做好，相比于一些传统的软件，我们的软件做得不仅实用而且酷炫，客户的使用体验会非常好。"

在王祥看来，联泉的价值就在于将数据集成覆盖到各个领域，节省了资源和成本。"智慧城市的发展将是未来的大趋势，各种采集数据方案，从无线、有线、GPS，如何形成效率最高的数据传输、集成，用大数据来进行分析，势必会成为热点。"王祥对团队的技术有信心，团队的成员们也在项目中共成长。"创业这么多年，没有核心员工离开企业。"王祥相信，在稳定的团队中，企业一定能够与智慧城市齐步并行。

陈晓颖／文　吴恺／图

人物名片

王祥，2013 届同济大学软件工程硕士研究生，上海交通大学 EMBA，上海交通大学安泰经管学院 EMBA 汽车协会执行会长，上海联泉智能科技有限公司创始人，带领联泉智能荣获 2016 年"创青春"全国大学生创业大赛金奖，于 2016、2017、2018 年连续三次获得上海市中小企业技术创新基金，个人曾获 2020 年上海市青年创业英才、2021 年上海市产业青年创新大赛银奖等奖项。

李康：数智化让实验室更高效

　　在数字化的浪潮下，为应对越来越激烈的竞争，很多细分行业依然存在亟须改造和提升的方面。我们希望能够结合技术，推出落地的产品和服务，解决痛点的同时真正将创业这件事做深、做好。

释普信息科技（上海）有限公司联合创始人兼首席执行官李康在不少同学、同事的心目中是一位学霸——浙江大学提前读完本科后进入新加坡南洋理工大学攻读机器人专业，在工作中发现实验室管理中过于依赖人力的痛点后，选择在科研领域发掘创业机遇。在 30 岁的年纪，李康与合伙人在上海张江创业，一同开发出一套使用物联网、人工智能、自动化的软硬件设施，通过数智化服务实现对实验室的高效管理。"我们致力于让实验室更智能，让管理更轻松，让科学家更专注，让科研更高效。"李康相信，数智化让实验室科学家们"解放双手"的同时，真切感受到专注带来的高效科技突破。

选择在沪创业，解放科研从业者的双手

从新加坡南洋理工大学硕士毕业后，李康进入全球排名前列的美国仪器设备厂商安捷伦负责研发工作，并为实验室中的科学家研发尖端实验设备，从而助力科学家们更高效率地完成实验与分析。2014 年，李康跳槽进入科学仪器厂家赛默飞，负责实验室的整体运营管理服务。

"大型实验室里上百个品牌、类型的仪器设备，过去传统厂家只负责自己的服务与销售。"李康回忆，过往对接流程复杂，实验室工作人员需要同时对接几十家厂家的服务团队，严重影响实验效率，而李康的工作正是帮助他们简化工作并统一管理。正是在这段工作中，李康认识了现任释普科技首席运营官王静。

正在亚太地区搭建与推广智能实验室整体化服务的王静与李康同样观察到了国内市场空缺，他们总在探讨，如何进一步把国外做了十

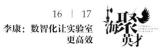

几年的高效率实验室运营模式在国内落地。基于先前在自动化、机器
人领域的学习及工作背景，李康自然而然地想到用物联网和智能化、
自动化的软硬件产品，取代人在实验室内基础的工作。"行动派"的
李康决定，组建团队尝试项目赋能。找到技术、咨询领域的伙伴后，
李康搭建初期创业团队，尝试提供围绕客户价值和体验的产品。这也
就是 iLabService 释普科技创业的初心所在。

　　"上海是一个拥有科技市场、拥有高层次人才、拥有优质政策
的地方。"作为海归创客，李康在创业的起始路上，将步子踏在了
张江。2017 年，团队于张江起步。在这片科技沃土，他们正在尝试
更多可能性，与更多机构、企业互动赋能。在创业初期，李康与团
队的创业思路也很清晰：将海外已被验证的实验室服务模式在国内
落地应用。

突破创新，从雪龙号开拓新兴市场

　　在创业过程中，李康与团队成员开发出一套使用物联网、人工智
能、自动化的软硬件设施，通过提供数智化服务让客户更有效地管理
实验室。

　　经过半年的产品开发和早期实验，释普科技在 2017 年终于迎来
第一个客户——极地研究中心。在南北极科考雪龙号上，各国的科学
家们需携带仪器上船，在极地采集样本并保存后带回各自的实验室进
行研究。释普科技参与并主导了整个过程的船载实验室管理系统。
此项目的顺利推进让释普科技在市场认可度上有了极大的突破。有更
多的客户，包括一些全球行业头部客户，进一步找到释普科技，让实

验室管理更智能、更高效。

谈到团队技术在实验室场景的另一个有效应用，李康拿出了一组照片进行介绍。在零下 80 摄氏度的超低温环境下存取样本，因为需要多次开合超低温冰箱，会导致样本冷冻管时常出现结霜情况。科学家们在这种情况下无法看清试管文字，而且样本因温度保存要求，无法使用化冻的方式解决。"我们也是观察到实验室中的痛点。把超低温 RFID 自动识别技术用在其中。"李康介绍，这样一来，科学家在实验过程中可以快速找到任何一管样本在冰箱中的位置并追溯其全生命周期信息，有效提升了实验效率。

此外，智能标签、智能中控等一系列技术运用都在实验室推进过程中不断提升实验室效能。"我们会用智能插座来统计设备利用率情况，也会通过智能标签结合一键报修自动记录设备使用状态进行高效管理。在释普科技不少客户的实验室中，耗材化学品样本已贴上 RFID 标签，结合智能中控台和智能锁实现自动库存管理，所有这些都在全方位地将实验室物理世界讯息数字化。"在使用释普科技的数智化实验室服务后，越来越多在实验室里工作的科学家、实验员们正在体验着"专注"带来的"高效"。

直击市场需求，突破市场难点。随着 4 年发展，释普科技已经将数智化实验室服务的理念在生物医药企业、第三方检验监测机构、国内科研院所、政府成型。一家知名药企通过李康团队的产品，将资源集中在一个平台进行管理，将运营数据自动呈现在一个报表上，从而能够直观、实时、有效地看到实验室情况。另一家药企在释普科技生物样本监控产品中首次实现样本保存温度的智能判断和预警。

不少对比照片展示着智能"转型"后实验室的变化。从过去冷藏的实验试管结满冰霜，到智能管理试管"随取即用"，从手抄一本本实验数据，到智能化记录、分析……在智能化实验室推进过程中，团队成员将智能化实验室在国内推进成型，进一步提升实验效率，实现实验室+"人、机、料、法、环、测"的多维度发展。

数智化到来的时代，让科研更智能

2021 年让李康与团队引以为傲的是，他们的产品"监控保"为新冠肺炎疫苗的存储"保驾护航"。新冠肺炎疫苗在高度洁净的环境中生产出来后，离不开零下 70 摄氏度的超低温环境储存。疫苗一旦脱离超低温环境，5 天内不使用就会失效。释普科技研发的"监控保"通过对关键环节的精准智能把控，让疫苗存储、监控流程更安心。"在将产品做深的过程中，我们给行业客户推出有价值的产品，解决现有的痛点问题。"李康介绍，释普科技至今已获得多轮融资，团队在通过产品助推实验室领域向更加数字化、智能化的方向发展。

在位于张江的办公空间，一个蓝色凝珠组装而成的 LEC 装置十分引人关注。"LEC 是我们在 2021 年推出的实验室效率大会的缩写。"李康介绍，2021 年，释普科技作为组织方发起了首届"LEC 实验室效率大会"和"百舸联赢"计划。"希望在上海这片科创中心的沃土，与更多行业上下游企业联动，真正围绕实验室效率，打通实验室运营管理全流程的各种要素资源，提供更丰富和全面的解决方案，解决当下实验室更多的'低效'问题，满足科学家更多的'高效'需求。"

陈晓颖／文　吴恺／图

人物名片

李康，释普信息科技（上海）有限公司联合创始人兼首席执行官，2018 年"创青春"全国青年创新创业大赛银奖，拥有 10 年的科学仪器行业研发、产品、项目及销售管理经验，为数百家中大型企业的实验室高效运营管理设计方案。

方杰：打造智慧医护"生命线"

实力展示，定当不同。坚持匠心精神，竭力为客户提供优质产品。

"我们致力于通过技术设备与物联网解放医护人员的双手，从而提升诊疗效率。"上海罗威电子科技有限公司创始人方杰在办公室展示公司自主研发的核酸检测采样自助取管一体机，介绍着智慧物联下医疗的最新突破。"我们在持续发掘智慧医疗的诉求。"方杰表示，公司团队从发现需求、立足研发，再到解决需求，正在形成一个智慧医护"生命线"。

二次创业专注医疗行业物联网未来

方杰是来自海南的80后创业青年，他的创业想法萌生于大学时代。

"挑战杯"创业计划大赛、江南春等商业大咖讲座……这些与创新创业有关的活动是方杰大学时代的一抹亮色。与创业前辈零距离的经验交流让他对创新创业兴趣斐然，他与同学一起组队参加"挑战杯"创业计划大赛并获得校级一等奖。大三时，方杰进入物联网识别企业实习。在公司里，他常常与董事长交流，董事长也对他的创业构想表达充分鼓励和支持。

2006年，方杰自复旦大学毕业后只身前往北京创业，运作了一款地图软件。这款软件可以显示用户所选地点周边的饭店和休闲娱乐场所。"那时候用智能手机的比较少。"方杰打造的产品在当时的市场上有些超前，当推到市场后发现与用户使用习惯无法契合。他的首次创业以失败告终。

他并没有因此气馁，选择总结经验再次出发。"二次创业是因为内心有梦。"即使在北京经历过穷困、艰苦的日子，他仍然没有放弃自己的梦想。2009年，他怀揣3万元资金回到了熟悉的上海，创办从

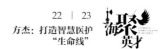

事物联网解决方案的鼎方电子科技有限公司，重拾创业初心，扎根物联网行业。

公司刚成立，方杰就接到了项目，公司也得以持续运转。看到希望的他动员了几位同学加入公司，每人投入了 10 多万元为公司奠定了资金基础。在发展过程中，公司逐渐成长起来。"我们第一年营业额是 50 万元，第二年为 300 多万元，第三年为 3000 多万元，第四年则达到 5000 多万元……"随着发展，方杰聚焦到智能化医疗领域。

2015 年，方杰成立鼎方的全资子公司——上海罗威电子科技有限公司，专注于医疗行业的投入和研发。"之所以选择医疗行业是因为业务中几乎一半是医院的项目，涉及医院病区的信息化建设。"在服务医院的过程中，方杰团队常常收到来自院方的很多需求。但反观市场，优质解决方案却是寥寥，不少智慧化医疗解决方案无法应对护士从事的较为精细的工作。团队也观察到，这一领域是大公司鲜有关注的。为何不提供一套能够提高医护人员工作准确率的物联网解决方案？团队成员们观察到智慧医疗需求在市场上有很大的缺口，且会在一两年内爆发。于是，公司启动医院病区精细化管理平台的建设。

找寻医疗需求勤于拓展突破

精细化管理平台减轻了医护人员的工作负担。方杰以护士为病人采血为例解释说，过去病人做抽血检查时，护士需要在采血试管上贴标签，试管管帽的不同颜色代表了不同项目。这项工作非常繁琐，护士万一贴错，还会导致检查错误。

"我们希望通过智能设备提升效率，降低风险。"方杰播放了一个智能化运转的视频。在软硬件结合的平台上，医生开医嘱后，系统进行智能分析，并将要求传递给采血试管自动贴标机设备，自动为试管贴标签。护士接到任务后，只需要取试管为病人抽血，免去了贴标签的步骤，这就缓减了护士工作的繁琐。视频中流畅的操作流程，让观者明显感受到快速提升的医疗效率。"此外，我们还有输液自动监控系统等软硬件结合的解决方案，在提升了医院工作效率的同时，推动了医院的自动化建设。"方杰介绍，在智慧化发展的路上，团队在观察，在行动。

2020 年新冠肺炎疫情暴发后，核酸检测的需求量急速提升。"我们团队关注到医护人员在核酸检测采样时在全部流程中耗时较久。"方杰介绍，团队核心成员有一个线上互动群，当发现医疗环节有需要智能化投入的需求时，团队成员会不分昼夜地线上讨论与分析。在核酸检测端口的需求进一步催生了团队的研发动力。2021 年，团队自主研发生产的 HT6000 核酸检测自助取管一体机正式推出。集核酸检测采样流程中的挂号、缴费、登记、取管为一体的机器减化采样步骤，减少医护人力，提高采样效率，节约被检测人员排队时间，极大降低医患感染风险。

坚持写就智能化医护方案集

研发医护管理新产品需要技术型人才，团队在这过程中更注重人才的吸纳与培养。"我们创业初始团队都是在复旦大学读书时的同学。"方杰介绍，初创团队至今都在各个分管领域通力合作，通过培养智能化医疗人才，在上海、成都、郑州、武汉等城市推进智慧医护方案。

2021年，罗威已有超亿元的销售额，在智慧医疗领域拓展出一片天地。

通过多年对医疗行业的研究及运维服务，方杰团队吸取大量信息专家与医疗专家的意见，致力搭建智能化医护管理平台，帮助医院通过智能化建设改进医疗业务效率、提高医院运维管理水平、挖掘医院历史数据，逐渐形成了以"智能化医护"为理念的一系列自主产品和解决方案集。

"上海的医疗水平十分发达，我们团队在这片土地上，希望通过医疗行业物联网解决方案，让智能化医护更高效、安全、精益。"在方杰看来，罗威的目标是成为国际知名的病区护理自动化解决方案专家。"我们打算继续研发自动化设备，助力公司未来更好的发展。"方杰对公司的发展有着清晰的"产品线蓝图"。后续，研发团队将推出核酸检测采样辅助机器人、输液医废分拣机器人、采血材料监控系统等智能产品，在智慧医护的道路上持续向前进。

陈晓颖／文 吴恺／图

人物名片

方杰，上海罗威电子科技有限公司创始人。2017年获评上海市青年创业英才，参与项目曾获2017年"创青春"上海赛区生物医药和大健康单元赛三等奖。

周小舟："漕河泾钢渣侠"的创业路

　　可能未来我们所有的能源都是非化石能源，但永远不会脱离其他的地球元素，澍矿环保科技将来会是一个新时代的资源型绿色高科技公司，在上海深耕并放眼全球，持续提供绿色可持续技术服务，传递绿色环保理念。

坐标漕河泾开发区的瀜矿环保科技（上海）有限公司有着不少硬核的"绿色元素"。通过回收废弃钢渣并与二氧化碳反应，获得高纯度碳酸钙，广泛用于造纸、塑料、涂料等行业。周小舟在谈到自己所从事的领域时，笑称自己是"漕河泾钢渣侠"，通过有效的钢渣利用，推动碳达峰、碳中和，在沪打造"新冶金、新生态"的行业领先模式。

钢渣碳排"变废为宝"

学习环境工程专业出身的周小舟，自 2005 年大学本科至今深耕于这个行业。

"做这一行最初的想法是学以致用。"2010 年到 2012 年的雾霾带给他启发，因此，周小舟在美国硕博连读时的课题就是气候变化——二氧化碳捕集、利用和封存。2014 年，他回国调研，在走访大型国有钢铁企业的过程中，了解到钢铁企业固废问题非常棘手。当时很多钢厂在他们的厂区内或是周边钢铁渣堆积如山，触目惊心的固废问题让环境专业出身的周小舟比别人的体会更加深刻，他希望能够用所学去面对这些环保挑战。

周小舟就读的美国哥伦比亚大学设有专门的机构，辅导科研人员实现实验室科技成果转化，从而创立公司。瀜矿环保科技的前身便是由哥伦比亚大学工程学院、哥大地球研究所以及哥大风险技术中心共同孵化成立的初创团队。团队在非常规资源利用以及碳减排、利用和封存领域的全球性突破为公司提升了核心竞争力。

在技术环节，周小舟与团队成员所研究的"碳化法新型湿法冶金技术"可应用于钢铁废渣的回收处理流程，有效针对目前中国钢铁渣近 20 亿吨的存量市场，解决环保产业链中固体废物防治问题。

具体说来，该技术可以将钢铁冶金后产生的钢铁渣和排放的二氧化碳进行特殊处理，处理后生成的铁矿粉和低纯度的碳酸钙可再次作为冶金原材料供应钢铁厂。该技术还可以定制化生产填料级高纯碳酸钙，应用于造纸、塑料、涂料、橡胶等行业。此外，钢铁冶炼原材料的采购成本以及堆放固废的土地成本也一并降低，让绿色可持续发展成为可能。

"硬核"技术走在时代前沿

周小舟与团队不仅在技术上有着创造性的开拓，还积极推动该技术工程化落地，真正将科研成果应用到中国的环保产业链中。2015 年到 2018 年，中美两国间签订了中美绿色合作伙伴计划。哥伦比亚大学推选周小舟成为这个国家级平台的协调人，给予他极富挑战的锻炼机会。

当时，美国因为多年的产业调整，公司技术的应用场景并没有国内广泛。因此，周小舟把项目的重心逐渐转移到国内，与内蒙古包钢集团进行了比较深入的合作。2015 至 2017 年间，周小舟与团队成员协助包钢集团完成多项技术放大化研究。

"我们出身于实验室，作为全球范围这个赛道中较早入局的玩家，具备着技术和工程方面的领先优势，我相信我们有这个实力应对未来可能出现的市场挑战。"周小舟和团队看准此领域，在 2018 年与团队选择回国，2019 年年底正式落户上海漕河泾开发区创业。

在漕河泾开发区，瀜矿环保科技（上海）有限公司是出了名的"硬核"公司。目前瀜矿科技在其上海研发基地已拥有数十人的团队规模，同时还在进行积极招聘以扩充团队，并将设立工艺研发部门、工程部门、商务关系部门及综合支持部门。虽然这只是一家年轻的创业企业，但按周小舟的说法，他们的技术在全球同行中至少领先3年，技术的"硬核"科技让这家企业在短短的时间内飞速发展。

用技术回馈社会

2021年，"碳达峰"和"碳中和"走入大众视野，这些冷门词汇成为社会关注的高频词。2060年前实现碳中和目标的战略决策也带动相关产业迅猛发展。

据相关统计，我国钢产量达10亿多吨，每年新产生的未利用钢铁渣约1亿吨，钢铁企业的固废处理利用已迫在眉睫。周小舟介绍，公司团队研发的"碳化法新型湿法冶金技术"已实现同类技术中全球和全国范围首套中试示范，并在向大工业化迅速迈进。公司和包钢合力推进全球首套固废和二氧化碳矿化示范产业化项目建设，工厂每年可处理钢渣10万吨，封存二氧化碳2-4万吨。

"回报祖国""回报社会"，这是周小舟在谈到自己创业时的高频词。据介绍，公司除了已有技术成果孵化落地，储备新技术的开发源源不断。"瀜矿与内蒙古包头钢铁集团建有合资项目公司，建世界首套钢渣碳化的示范工厂，同时我们也在为宝武集团、山东钢铁集团、印度塔塔钢铁、韩国浦项制铁在进行工程项目的可行性测试。"在探索环保的路上，他与团队始终大步向前迈进。

"可能未来我们所有的能源都是非化石能源，但永远不会脱离其他的地球元素，比如电池依然需要锂或钴元素，太阳能电池板也需要硅元素。"周小舟在描绘未来的发展愿景时表示，瀜矿环保科技将来会是一个新时代的资源型绿色高科技公司，在上海深耕并放眼全球，持续提供绿色可持续技术服务，传递绿色环保理念。

陈晓颖／文　吴恺／图

人物名片

周小舟，瀜矿环保科技（上海）有限公司创始人兼首席执行官。曾获 2020 年上海市青年创业英才，带领公司在 2015—2018 年入选中美绿色合作伙伴计划，入选 2020 年上海市浦江人才计划（团队），获得 2020 安永复旦中国最具潜力企业（种子）称号。

汤韬略：开拓国内光学检测先河

　　无论从事什么行业，做任何事情的核心是要有兴趣。创业其实都会遇到非常多的问题，但带着热情与兴趣，步步前行，机会会留给有准备的人。

　　我生于上海、长于上海，一直感受到上海作为全球化的都市，在市场前瞻性和人才的丰富性上，在全国是数一数二的，这也是我们选择在上海发展的原因。

走入位于上海金桥的公司总部，企业实验室展示厅映入眼帘。在一间约 70 平方米的实验室展厅内，7 组检测设备串联起帆声图像科技有限公司从 2012 年发展至今的技术发展脉络。从光学检测艺术品的设备，到 ITO 划伤视觉检测仪，再到车间智能光学、电测系统，上海帆声图像科技有限公司创始人兼董事长汤韬略介绍企业自主研发的产品，分享他跨界转行，投身实业报国的创业历程。

"跨界"创业　"金融男"投身实业

谁能想到，企业实验室展示厅内头头是道地讲述图像、电检测技术的汤韬略在选择创业前，其实是一名金融行业从业者。

小时候对机械有兴趣的汤韬略在读书时选择了工科专业就读。毕业后选择从事金融行业的汤韬略一直将产业报国的理想种在心里。

帆声图像的联合创始人严骏是汤韬略的忘年交。一次与严骏的沟通，激发了汤韬略内心的创业动力。2012 年，汤韬略的父亲需要一台鉴定艺术品真伪的设备。但在市场上根本找不到对光学算法要求这么高的产品。汤韬略的父亲找到了严骏，让严骏帮忙制造。完成研发制造后，严骏找到了汤韬略，他问汤韬略："现在工厂对于质量检测的需求越来越高。海外的一些机器视觉检测设备已经逐渐能够量产了，而在中国这还是一个待开发的领域，你有没有兴趣跟我一起来从事这个行业？"

考量多方因素后，对机械有兴趣的汤韬略又燃起了实业报国想法，便和严骏携手共同创业，着手组建团队。从 3 名成员组成的创始团队，发展到 7 名成员组成的队伍，再到如今有多家分公司，帆声图像一步

步在用自主研发的技术拓展业务版图。

强强携手　共同制定质检标准

"在使用电子设备时，我们难免会遇到手中的电子设备屏幕不亮或屏幕上出现光斑的情况。帆声图像的研发重点就是通过图像检测、电测等技术手段，进行精细电子产品的质量检测，提升产品的出厂检出率，保证大家手中的电子设备、车上的液晶显示屏质量。"

技术检测在国内的应用领域其实很广。2012年前，不少国内显示屏的车间检测是需要工作人员通过显微镜进行人工筛查的。如此一来，不仅生产速度降低，检测品质也无法得到百分百保证。要想"机械助力"，国内工厂就得从国外进口价格高昂的检测筛查设备。当时国内没有一家能自主研发的企业。"在与合伙人创办企业后，我们就从质量控制门槛最高的车载液晶 AOI 检测起步，投身图像检测，并在后续围绕电监测等方面拓展复杂精密制造的品质控制场景需求。"

从软件开发、光学方案开发，团队在创业初期开发的系统软件解决了一部分厂家产品检测的困扰。"你们能生产光学检测设备吗？"随着合作进一步深入，不少企业向汤韬略提出了进一步的采购需求。光学检测产品对内部光环境与内部设计有很高的要求。两三年间，团队在不停寻找合适的供应商，但业内并没有各项指标都能满足顶尖光学检测需求的厂家。

自己成立生产基地！2016 年，团队在拿到新一轮投资后选择在广东惠州投资建设了一家工厂。在自主研发基础上，插上了自主制造的"翅膀"。"创业路上遇到的困难我们都'趟'过。"资金回款、技术壁垒、研发困境、客户结构调整都是摆在公司发展过程中的一个个现实问题。汤韬略坦言，跨界创业需要快速学习。身在技术革新迅速的制造行业，团队只能不断向前，赶上产品更迭的步伐。通过技术攻关，帆声图像首次突破研发了 ITO 划伤检测设备，为解决液晶可靠性检测和质量追诉创造了新的解决方案。

"我们致力于和行业领军客户共同携手，制定质量检测标准。"汤韬略与团队的目标很明确，前进的每一步也留下了他们坚实的印记。目前，帆声图像已成为国内在机器视觉系统综合应用和工业人工智能核心技术的领跑者。机器视觉检测、智能产线、过程控制测量、电性能检测、静电防护与产品质量过程监控等系列检测设备已陆续得到市

场的认可。在柔性和硬性材料贴合、玻璃材料的特殊检测、电测通讯
协议方案等产品上，帆声图像也展现出了自主研发的优势。在自主研
发方面，公司现已获得 120 个专利。

"牵手"高校　拓展产学研合作

　　2016 年，帆声图像就和上海交通大学密歇根学院"牵手"，通过
项目合作，拓展产学研深度结合。"如今我们与高校的联动越来越密
切。"汤韬略介绍，与不同高校的王牌专业合作，一方面可以最快了
解研究领域与新框架的发展动态，另一方面，帆声图像通过与院校师
生合作，将新的论文、新的模型在实际项目中进行论证和筛选。

在科研投入方面，团队从未止步。帆声图像先后在上海投资建立了液晶 AOI 和光学研发中心，和上海大学合作建立了针对 OLED 技术方向的新型显示智慧检测联合实验室。

2018 年，帆声图像在湖北武汉也设立了研发中心。团队与华中科技大学、武汉理工大学在电子电路设计开发、电子测试工程的开发上开展了技术合作。

"每年技术都在迭代，我们也在跟着技术向前走。"在汤韬略看来，创新发展，永无止境。

陈晓颖／文　郭容／图

人物名片

汤韬略，上海帆声图像科技有限公司创始人兼董事长。2012 年在沪成立帆声科技，专注于制造产业升级，为客户提供一站式缺陷检测解决方案；2017 年带领团队获得中国创新创业大赛国赛优秀奖；2018 年当选浦东新区工商联执行委员会成员，入选"千帆行动"上海市青年企业家培养计划；2019 年入选上海市青年创业英才，引领公司获评上海市高新技术企业。

瞿芳：与用户分享趣味生活

让上海吸引世界，让世界汇聚上海。希望在未来岁月里，青年人与小红书一同展现生机，不断向上。

在上海从 0 到 1，影响 2 亿月活用户

"小红书是一家创立于上海的公司，也是一家最适合诞生在上海的公司。"在北京读书，在上海创业，2013 年瞿芳选择放弃外企的高薪酬工作，与合伙人在沪创办小红书。

彼时，4G 网络刚开始商用。"小红书从创立之初就瞄准只做移动端应用。"瞿芳回忆，在很多平台启动移动端之际，小红书创始团队就将发展视线放在互联网时代背景下 90 后、00 后的互联网消费习惯上。

承载着年轻人数字化、在线化消费需求和习惯的改变，小红书在上海逐渐扎根。"上海不仅有国际化'高大上'的特质，也有一步步做事的务实精神，这也打造出极其优秀的营商环境。"在瞿芳看来，上海的国际化环境，吸引了大量的外企，也吸引了更多有国际化视野、国际化思维的人才。瞿芳介绍说，小红书近年来招聘了不少自硅谷回国发展的技术达人，正因不少海外人才钟情于宜居宜业的上海，创业企业有了更为坚实的人才保障。

小红书的团队中涌现了非常多的 90 后领导者。"年轻力量从我们公司原生成长，着实令人欣喜。"瞿芳工作再忙，也一直坚持花大量时间参与一线高潜力员工的面试，谈到对青年的发展建议，她说："年轻人要勇于在职场中探索新事物和新技能，将创新的想法和精神一步一个脚印落地实行。"

云体验感受云生活"种草"

"走在上海的街头，你可以看到每天都在发生变化。"瞿芳与团

队成员欣喜于上海向上的改变，也通过不断迭代产品，让更多用户分享和发现世界的精彩。

在小红书社区内，时尚、美妆、个护、美食、旅行、娱乐、读书、健身、母婴等各个生活方式领域的短视频、图文信息映出生活的亮色。据介绍，小红书平台月度活跃用户数已超过 2 亿。

目前小红书是全球最大的生活方式社区。新冠肺炎在全球蔓延期间，小红书上的"画风"变了。"在过去几个月时间里，我们的用户虽然无法出门聚餐，无法秀出口罩下美美的妆容，但是他们会在家里烹制各种各样美味的菜肴，并将视频、图文分享在平台，表达他们积极生活的态度。"瞿芳和团队看到了用户们疫情期间记录下的明媚生活，也观察到不少品牌选择通过平台直播"复苏"。

"如今企业号、社区里的话题、品牌都开始做社群运营，建立最直接的对话场景。不少奢侈品品牌相继在小红书上进行了直播。这些直播的发生地都是上海。"瞿芳介绍说，最近团队继续深化线上社区对于线下生活消费的复苏推动作用，通过云直播、云消费、云展览、云体验等创新形式拉动优质产品和服务的引流"种草"，为用户提供更向上的文娱生活，为产生中国、上海独具特色的知名品牌发挥更多力量。她和团队都意识到，线上线下融合与创新应用场景的融合将带动更多人群，做更多适合小红书的尝试与创新。

在 2020 年"五五购物节"期间，小红书与上海市经信委"牵手"，线上启动了"我设计，你美丽——小红书上海专场"活动。通过线上直播等系列活动，让上海本土设计师品牌"云触"年轻消费群体。品牌与场景互动的结合逐渐改变消费者的消费体验。

4月25日，小红书官方联合上海的 TX 淮海、BFC 外滩金融中心、K11 等地标级商圈发起"开张啦，跟我来探店"活动，小红书时尚博主 Cassie 凯西西、陈白羊，美食博主"杜杜明明没肚肚"等人，通过直播探店的形式参与了此次活动，当天直播互动率最高达 44%。这是上海市发起"五五购物节"后，小红书围绕挖掘消费需求策划的一场主题活动。通过博主直播探店分享，让到店消费的体验在线化，通过这种"先体验后消费"的模式，为网友"种草"潮流店铺，带动线下消费的回温。

从最初以图文笔记为主，到如今拓展短视频、直播领域，小红书"社区"内记录下更多用户的生活。瞿芳表示："目前视频在流量消费占比上超过了图文笔记。当内容形式发生改变的时候，就会有新的创作者和场景跑出来，这也是我们非常期待的。"

随着"云上体验经济"的创新深化以及 5G、物联网等新技术的普及运用，直播和用户交互方式在未来预计会有很多新的场景和形式出现。小红书以种草模式闻名，是生活在线化的代表。瞿芳和团队成员们相信，未来小红书将更加深入生活的方方面面，在生活方式的数字化浪潮中发挥作用。

瞿芳与合伙人在上海创办小红书的过程中，见证了用户数的激增。团队也通过千余名员工的通力合作，与亿万青年人共同记录趣味生活。与互联网发展同脉络，共频振，更多年轻创客在上海，在路上。

陈晓颖／文　受访者／图

人物名片

瞿芳，小红书创始人，曾获评 *Fortune* 杂志"中国最具影响力的商界女性"，入选世界经济论坛 World Economic Forum "全球青年领袖"及 Fast Company "全球最具创新力人物"。

谢赟：创业路上的"价值"发现

不管当年你是因为什么原因来到上海发展，请你保持和这座城市共同进步的步伐，它会让你收获更多。

"首席幸福官"的组织力

谢赟说，一家公司想要获得掌控未来的能力，只有激活个体的幸福感，才能实现更大的组织价值。所以，他的名片上赫然印着"首席幸福官"字样。在组织的自迭代过程中，如何让成员拧成一股绳儿，获得幸福感是串联起组织凝聚力的核心要素。

有意思的是，除了这个"首席幸福官"，在德拓的各个业务部门里，还暗藏着"幸福助理"。员工关怀、幸福指南，"人"成为组织生态中的重要宝藏。

在公司入口处，整面企业文化墙就充分说明了这家公司的员工幸福指数。据谢赟介绍，通过幸福感的不断营造，将每个季度的员工幸福指南纳入公司流程管理闭环。

创业的前几年也曾走过弯路，谢赟把第一家创业企业的发展定义为"侏儒"体质，做不大，也死不了。那时候，他的侧重点会从专业领域跑偏，纠结于财务报表和人事管理，无法专注在长期主义上，时常游离。谢赟认为，归根结底是年轻的创业者还缺乏某些战略远见。"不管我们所处什么时代、身处什么行业，人与组织的关系、组织和外部环境的关系是没有变化的。外部环境变化越快，不确定性越高，但回归到组织存在的逻辑都是一样的。"

卓越城市赋能创业者

在人才战略上，谢赟也有明确主张。留住人才，一靠待遇，二靠情感，三靠事业。通常困境是，每个人希望自己的成长速度要远远快

于组织。德拓的做法是让行业赛道能够更加细分，未来才有更大空间让个体实现价值。

谢赟认为，未来商业社会不太可能完全被巨头垄断。更多意义上，公司是一个平台，组织成员在这个平台上实现分工协同，这也是德拓的六家控股公司在不同细分领域深耕的原因。

截至目前，创业尖兵谢赟已经在上海创业了三家公司。他坦言，在上海创业有几大优点：各方面的人才众多，不论是技术人才，还是管理人才，这是公司发展的核心要素，上海，比较容易锁定各个领域的精英人才，这是其一。第二点是上海作为全球卓越城市，有着成熟的市场环境，对于大数据分析落地的公司而言，没有比上海更为适合

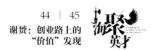

的超大型城市了。就像德拓参与的上海市"两张网"建设、上海公安大数据中心等一系列工程，上海扎实的数据沉淀也将产生全国的龙头效应。第三点，上海是一座拥有无限魅力的城市，营商环境理想，有良好的生态支撑创业公司的发展。

面对新冠疫情，德拓反而在危机中迎来新机遇。"这次疫情之下，用户对数据的理解更为深刻，通过人工智能和大数据，我们实现了精准的疫情防控，随申码就是德拓支撑的项目。目前，国家对未来经济的支撑和拉动上积极投入，新基建的七大内容就涵盖了大数据中心和人工智能板块。未来，将会通过新的信息化手段来为传统行业赋能。这些对德拓这样的公司都是重大利好。"

创新成为企业生命源泉

在德拓的产业布局上，上海是人工智能研发中心，南京是大数据研发中心，成都是云计算研发中心，不同地域板块承载了德拓的核心技术能力。

谢赟深知，持续的创新力是企业发展的生命源泉。任何一个组织或企业，若想在现有环境中取得成功，需要不断创新来保持组织的持续成长。而创新最难的一点就在于突破既有路径，实现既有路径和新的创新之间的关联。

在德拓的发展路径中，唯一坚持的创新聚焦就是用户的价值主张。谢赟认为，在法律保守和财务保守的两个前提之下，创造用户价值是实现创新的根基。在德拓，顾客的价值主张就是"让数据更具价值"。"我们使用一系列的系统工具，探索数据可变现的价值。我们还要让这些数据有确定性，我们积累了1000多个算法模型，推导出可确定性的数据价值，实现了很多行业的解决方案。"

未来，大数据的价值将被进一步放大，能够直接协助政府、机构去决策。谢赞认为，新时代数据的沉淀不是单单依靠一家公司就能实现的，数据领域的企业都是共生关系。德拓的核心竞争力是快速让用户数据变成价值，然后将数据的价值嵌入整个智慧城市的运行体系之中，与各个合作伙伴一起携手产生更深远的数据价值。

冷梅／文　吴恺／图

人物名片

谢赞，上海德拓信息技术股份有限公司创始人、董事长，人工智能正高级工程师、军事科学院系统工程研究院专家组成员、上海领军人才、上海市工商联科技分会副会长、联想之星创业联盟理事、上海市大数据中心数据运营专家委员会专家等。

吕承通：在历练中重生

　　我们的使命非常坚定，让数据价值唾手可得。这个使命是我们团队共同讨论出来的。唯有数据，才能改变世界，是我们团队的共同信仰。

迅速、全面地挖掘用户个性化需求与市场方向，先进的"大数据分析"技术工具无疑是各行各业快人一步抢占先机的利器。五年前，85后青年吕承通敏锐地察觉到互联网公司将在这个领域有较大需求，辞职创立数数信息科技有限公司，在经历多次技术探索和创新后，成功摸索出了一套从数据采集、存储建模，到分析展示的一体化解决方案（Thinking Analytics系统），助力众多互联网公司脱离数据分析繁杂、低效、单一的窘境，走上数据驱动，精细化运营之路。

契 机

大约十年前，吕承通在走出上海大学校门时，给自己制定了一个目标：30岁之前，创办一家高科技公司。"有使命感，有先进理念的企业家才是当今时代的弄潮儿，是影响这个时代发展的英雄！"

创业之前，吕承通选择先去大企业历练，事随人愿，2011年3月，他顺利加入腾讯互动娱乐研发部，在那里学习、磨砺与成长。

有数据显示，从2008年到2017年，中国互联网行业发展迅猛，其中游戏行业更是风生水起。游戏市场规模从185.6亿元骤增到2036.1亿元，中国也一举成为全球第一大游戏市场，但有识之士敏感地意识到，行业即将遇到拐点。

"自2017年开始，游戏业用户增长红利就已逐渐消失，不少运营者发现粗犷增长遇到发展瓶颈，存量玩家对精品内容、独特玩法的需求逐步上升。"吕承通在工作中发现，当时业内逐步达成共识，要以"精品化和精细化"为核心导向，这其中的关键就是把数据用好。但行业内对大数据的技术使用能力参差不齐，很多都停留在上一代的

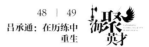

技术层面。这对以大数据技术为核心驱动力的数数科技来说，是一个好的发展趋势。

"很早我们就确定了以游戏行业为核心的发展目标。"吕承通说："游戏行业是一个典型的互联网行业，数据意识比较靠前，数据需求也比较强烈。只要把游戏行业的数据需求都满足了，再拓展到其他领域，比如电商、在线教育等，都是顺理成章的事情。"在谈到团队使命时，吕承通说："我们的使命非常坚定，让数据价值唾手可得。这个使命是我们团队共同讨论出来的。唯有数据，才能改变世界，是我们团队的共同信仰。"

经 历

2020 年的疫情对于专注服务互联网行业的数数科技来说影响并不是很大，"我们去年年底完成 A+ 轮融资，融资金额 2500 万。2020 年公司也在持续盈利，融来的钱目前还一分没花。"吕承通介绍复工以来的情况："在销售上有一定的影响，如果没有疫情，我们应该会发展得更快一点。目前公司正在扩大规模阶段，北京、广州、深圳等异地团队都在建设当中。现在最大的瓶颈还是在招人上，我们需要引入更多的人才。"

在回顾数数科技五年的发展历程时，吕承通表示这个过程经历了不少坎坷，并非一帆风顺。"没有人能随随便便成功，不在历练中毁灭，就在历练中重生。"在谈到早期经历时，吕承通说自己犯了一些技术型创业者常犯的典型错误：不从客户需求出发，而是从技术的角度出发。"我们最早做的一款产品，用到了很多数据挖掘和机器学习的技

术，产品交互和设计都不错，当时发布的时候，业内非常认可。我们当时并没有把营收放在首位，所以先出了免费版，让大家都用起来。没想到后面由于营收的压力，开始推出收费版时，遇到了很大阻力。"吕承通说道，"这件事情对我们团队打击非常大，我们开始反思整个项目的定位，为什么客户不愿意付费。原因很简单，没有从客户的实际需求出发，虽然用的技术很先进，但是对客户实际业务产生的价值有限，客户自然就不愿意付费了。这也成为我们推出下一款产品的时候首要考虑的因素。客户不愿意付钱的东西，我们不做。"

2018年初，在经历了团队内部的深刻反思和充分的市场调研之后，数数科技推出了第二款数据分析的产品，用以解决用户行为的数据分析需求。这是一款从数据采集，到数据存储、建模、计算和数据展示

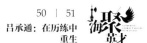

的一体化解决方案。产品一开始就采用了收费模式，而且非常顺利地打开了市场。

"我们在向第一家客户演示新产品的时候非常紧张，因为产品刚发布，功能也比较单薄。"吕承通说，"还好整个过程还算比较顺利，产品的核心功能解决了客户的痛点，所以没过多久就成交了。这给了我们团队很大的信心。"

2018年，新产品推出不久，有家北京的企业采购了系统后，很快实现了产品月流水过亿的目标。由于产品用户数暴增，数据量也增长非常快，Thinking Analytics系统的服务器数量也从最早的三台增加到了数十台，为了保障产品的顺利运营，数数科技团队经常半夜响应客户需求，通宵解决客户的问题。随着这款产品走向世界后，数数科技的服务能力和系统的横向拓展能力也大大提升。

在客户的口口相传下，如今数数科技的客户已经超200家。2020年疫情期间聚焦游戏行业的他们开始拓展其他领域，比如电商、在线教育等。面对未来，吕承通相信目前大数据行业还处于起步阶段，他们未来还有无限可能。

感　悟

在谈到自己的创业感悟时，吕承通提到了三点：第一，做市场需要的东西。这点对于很多初次创业的朋友来说，体会可能没那么深刻。是不是市场需要的东西，在实际把东西做出来之前，很难判断。这也是绝大部分创业公司没能成功的首要原因。第二，在明确了公司的产品和业务模式之后，创始人需要足够的专注和投入。创业公司的资源

有限，只有足够的专注才能发挥最大的能量。专注和全情投入是创始人的必备素质。第三，要拥有积极乐观和长期主义的心态。创始人每天都要面对各种问题，如果心态不好，很容易情绪化，这种情绪也很容易传递给团队的其他成员。只有保持积极乐观的心态，才能给团队传递正能量。戒骄戒躁，坚信长期价值。一个人只有对当下有信心，才会对长期有耐心。创业是一场长跑，需要长期耐心。

团 队

数数科技的核心成员主要来自腾讯、阿里巴巴、盛大游戏和

Intel 亚太研发中心。公司以"让数据价值唾手可得"为使命，正在构建一个全新的数据基础设施，让数据像水、电一样自由流通，拧开开关即可使用。团队的口号是：人人都是数据分析师，人人都可利用数据创造价值。目前公司总部位于上海，在北京、深圳、广州都有分部。团队目前正在扩大规模。吕承通正在打造一支"面向未来，技术驱动"的高效学习型队伍。

孙琪／文　受访者／图

人物名片

　　吕承通，上海大学计算机应用技术硕士，数数信息科技（上海）有限公司 CEO，入选上海市青年创业英才、长宁区"科技之星"团队，曾获第四届中国"互联网＋"大学生创新创业大赛铜奖、"创业在上海"国际创新创业大赛优秀企业奖。

赵巍：用科技优化政务体验

　　目前中国很多科技公司从追赶者变成引领者。从我们的探月工程到国防力量，以及我们刚取得的一些抗疫成果，都显示着我们中华民族科技崛起的力量，青年人可以多关注一些科学家、大国工匠，从而激发自己了解科技以及学习的热情。年轻的创业者要极其专注，全身心投入，相信时间的力量。其次，我也建议大家认真学习国家的"十四五"规划，紧扣国家的需要和发展方向去进行创业。能力不是一蹴而就的，大胆试错，认准一个行业，十年磨一剑。

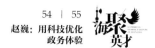

本科学习计算机科学与技术，研究生攻读软件工程，出于对互联网的热爱，80后小伙赵巍毕业后打算在上海这片创业的热土上闯出一番新天地。

2015年群团改革工作试点，赵巍抓住这次机会，由他创立的上海建朗信息科技有限公司开始参与建设"智慧党建""智慧工会""智慧共青团"等一系列项目，利用移动互联、大数据、人工智能、区块链等技术提供专项解决方案。经过五年多的研发和积累，建朗科技目前已是国内"互联网＋党群服务"的领军企业，为互联网技术更好地服务党群建设作出了开拓性的贡献。

很幸福，生在上海

公司坐落在杨浦区创智天地，用赵巍自己的话来说，这里既有作为前浪的IBM，又有作为后浪的哔哩哔哩，而自己则是作为中浪，在前浪与后浪之间乘风破浪。"你会发现，在近十年里，互联网企业排名前十的，大多都是面向C端，面对B端的很少，而我非常看好这一块，而且也正是上海给了我这个机会。"赵巍是一个土生土长的上海人，当年从学校毕业后先是进入了国企上班，在这家主要侧重于安全领域的公司里，赵巍从技术到咨询，再到销售，在多个岗位上都做得有声有色。"那段经历培养了我各方面的综合能力，也给了我很多锻炼机会，随着年龄的增长，我觉得是时候出来自己做些事情了。"于是赵巍开启了自己的创业之路。

在公司初创期，销售、咨询、项目实施一把抓。赵巍回忆，当时企业里优秀人才少，人员不稳定，用人成了最大的问题。他始终因企业人才梯队建设而困扰。随着各区逐渐扩大人才公寓配比、留学生落户更为便利、落户条件逐渐向科创型企业、重点领域企业放宽，赵巍发现，招人才、稳人才更加容易了。这两年，公司里多了不少来自985、211大学的研究生，不少海归学子也成为赵巍团队的成员，整体提升了公司的成长潜力。

很幸运，创在上海

赵巍举了一个"智慧工会"的例子介绍他所从事的事业。"这几年，工会正在向主动服务转变，从一个个独立的线下服务向'一网通办'的线上服务方式转变，向'一网统管'的精细化管理方式转变。"赵巍在从事相关软件工作时，也更加深刻感受到"人民城市为人民"的理念。在设计政务软件平台过程中，团队既要做好内部管理，又要做好对外服务，提升使用者的参与感和获得感。"我们设计和研发智慧工会平台和职工全生命周期管理平台，将职工的健康、成长与服务深度融合，将党群工作与企业经营目标相结合，增加职工的归属感与获得感，提升企业经营效率。"赵巍很有信心地介绍，目前团队为一汽集团打造的线上软件已在实践中取得了非常好的效果，并得到了不少央企的关注。科技为管理和服务创新而赋能。

经过这些年的励精图治，赵巍团队所服务的对象早已超出了上海，走进了陕西、湖南、海南、黑龙江、广西等十多个省市工会组织，业务涉及政府、群团、党校、央企等领域，他们立足上海，放眼全国。作为一个年轻的创业者，作为一家年轻的创业公司，在短短几年内得到许多重量级客户的信任，除了因为赵巍超前的服务、缜密的心思和

过硬的技术之外，非常重要的一点是，团队率先在上海推出具有示范作用的样板。

　　赵巍介绍说，在创业的路上产品的开发和创新也十分重要。目前，他带领团队建立了创新研究院，凝聚了80多名以90后为主力军的互联网行业专业人才，并获得专利及著作权70多项。对着满墙的著作权证书，赵巍充满信心："有了这些积淀，我们正在向科创板看齐，希望两年内能在上交所上市。"

杨力佳／文　施剑平／图

人物名片

　　赵巍，上海建朗信息科技有限公司董事长、上海市青年创业英才、上海市青联委员、上海市公共政策研究会理事、上海市青年创业协会理事、上海市 IT 青年人才协会理事。通过"互联网＋政务服务""互联网＋企业服务"，致力于构建政府与民众之间、企业与职工之间的智慧互联、互信桥梁，助力政府和企业提升管理能力和服务水平，构建和谐社会，不断增强民众的获得感和幸福感。

鲁辞莽：用心推进"数字化生活"

希望天下所有的工程师科研人员和产品经理，都能做让自己开心、让人民幸福的事。

时下，说做芯片，就觉得那是很高大上的一件事，然后，很多人投资了很多钱，似乎一通猛砸，就可以有中国芯了。但是，鲁辞莽说，其实，更多时候，做芯片需要的是时间的积累，是不断试错的经验。积累不够，人家把专利交到你手里，你也做不出芯片。

鲁辞莽和他的团队吸取了很多专家和学者的思想，经过不断地研发积累，三年磨一剑，做出了一块完全自主知识产权的忆阻器型存算一体化芯片。

初心　让创造之心自由飞翔

鲁辞莽曾经有一份让很多人羡慕的工作：高通公司的研发工程师。他坦承，自己的确在这两年的时间里学到了很多，特别是芯片生产的知识。不过，这方天地对于他来说，缺少了一点自由度。于是，借助做天使投资的好哥儿们的资助，鲁辞莽和另外三个志同道合的朋友开始了创业的历程。

历程　在芯片领域做第一个吃螃蟹的人

鲁辞莽和他的伙伴们一直在讨论一个问题，传统的芯片都是二进制计算方式，芯片结构基本上就是开关和二极管。那么，在二进制逻辑电路之外，是不是有更加高效的计算模式可以用？

其实，很多人都在想这个问题，一些高等院校已经开始研究，只是，有些大企业认为从这个方向研究产业化太激进了，世界范围内没有产业化成功的先例。鲁辞莽说，感觉好像这东西挺有趣，好像现在条件可以去做这个事情。大家讨论，要不要做第一个吃螃蟹的人。

经过反复论证，理论上有了可行性，比如用欧姆定律来做计算结构，芯片就有了乘法功能，只要找一个电阻，抓一个电压，就可以计算了。虽然这东西理论上有成功概率，但是并不好做，有很多坑。而鲁辞莽他们要做的，就是要巧妙地避开这一个个坑。

他们管这类研究叫"串联性的单点突破"，是一个彻底新的、没有人做过的东西。对于这样的课题，除了核心研究人员，研究助理基本派不上用场，因此，三年多来，公司始终是五个人。

这样的研究前无古人，没有任何设计参考资料，也没有什么国外现有的产品对标，每解决一个问题，前方都是一片黑暗，他们的工作，成为这个暗夜里唯一的星星。

工资从高通时代的高薪，变成了生活够用；时间从比较宽裕，变成和家人聚少离多……即便如此，鲁辞莽还是很享受和小伙伴一起创业。虽然因为要见客户、跑市场，用于研究的时间少了一半，但他觉得，跟小伙伴们一起讨论问题，每一个人有自己的角度，他从中学到了更多新的知识。

2020 年底，国内第一块忆阻器型存算一体化芯片终于实现了产品化，这时，离他们辞职创业已经过去了四年。

目标　用数字化让人们生活更幸福

鲁辞莽解释，这块芯片，可以使信息采集的成本或门槛降低，让价格变得更低。它可以把本来要插电的传感器设备变成使用太阳能电池的或者充电的，放在没有电源的地方。简单说就是，这个芯片是用来进一步降低我们社会全面数字化门槛，让生活向数字化转型，提高人们对幸福生活感知度的。

杨颖／文　受访者／图

人物名片

鲁辞莽，东京大学材料学博士，并获得优秀毕业生荣誉，高级工程师，上海闪易半导体有限公司创始人、CEO。博士期间获 2015 年国际集成电路学会（VLSI）最佳论文奖。入选上海市青年创业英才、上海科技青年 35 人引领计划，曾获"科创投"杯海聚英才创业大赛银聚奖，全国"人工智能 +"卓越项目评选新星奖。

锐意探索
攻坚克难

尤立星：给量子计算机做探测器

得益于其公平、海纳百川、高效率、国际化等城市特征，上海是引才、聚才之地。青年英才应该时刻保持好奇心，不断拓宽自己的知识面，低头赶路同时也要抬头看路。加强科研合作、照顾别人的利益；眼光放长远一些，脚踏实地；少一些抱怨，相信付出终有回报；扬长避短，做自己擅长的事情。

　　南京大学博士，毕业后在日本、瑞典、荷兰和美国从事科学研究，2007 年 31 岁回国的尤立星选择了上海，经过十多年的深耕，终因给潘建伟的量子计算机"九章"做探测器而"一战成名"。尤立星说，这完全得益于"上海效率"。

由零开始实现"弯道超车"

　　虽然辗转于日本东北大学、瑞典 Chalmers 技术大学、荷兰 Twente 大学、美国 NIST 和加州大学伯克利分校，但尤立星却笑言自己是"游学"，到了每个地方都在学习做不同的事，直到 2007 年回国，进入中科院上海微系统所，才又开始做一件全新的工作——开展超导单光子探测（SNSPD）技术方面的研究。

由零开始干了近十年，尤立星带领团队终于解决了"卡脖子"的问题，他研发的SNSPD器件性能达到国际领先水平，多次创造量子通信、量子计算、卫星测距等系列应用世界纪录，包括509公里光纤量子密钥分发和"九章"光量子计算模拟机。

"九章"是中科大潘建伟、陆朝阳等组成的研究团队与尤立星团队、国家并行计算机工程技术研究中心合作，构建的76个光子的量子计算原型机。"九章"处理高斯玻色取样的速度比目前最快的超级计算机快一百万亿倍。这一成果使我国成功达到了量子计算研究的第一个里程碑：量子计算优越性。

"我们跟潘建伟合作了十年，九章用的就是我们的探测器，国外提供的不比我们好。"说到这个让自己"一战成名"的项目，尤立星坦言：完全得益于"上海效率"。"2019年10月，谷歌称已实现'量子称霸'，潘建伟要求我用5个月时间提供100个高性能探测器，这非常难，国内外都没有人能提供这么大的量同时保证高探测效率，但是我们做到了。"尤立星说，上海就是节奏快、效率高，"国外都没有我们快"。

上海高效包容有良好的发展机会

说起回国的原因，尤立星说，在国外永远是替别人打工，在上海有自主发展的空间，还有报效祖国的成就感。尤立星总说，上海不缺人才，上海的高效率、包容性与良好的发展机会，公平、优越的软环境都是吸引他的因素。

回国后的尤立星，不负众望

他成为国家重点研发计划"高性能单光子探测技术"项目负责人，并成立了中国唯一一家 SNSPD 产业化公司——赋同科技，实现了SNSPD 商业化销售。应用成果在 *Nature*、*Science*、*Nature Photonics*、*PRL* 等杂志发表论文 160 篇，发明专利 25 项（含国际专利 2 项）。量子通信合作研究成果两次入选中国十大科技进展。2018 年获国际电工委员会 IEC1906 奖，2019 年获中国光学工程学会技术发明家一等奖（第一完成人）……

一项技术一旦做到世界领先水平，就没有国际封锁了。"国内支持不错，国家和地方投入大，我在国外学到很多东西，回国后五六个人团队合作，协同作战，配合默契。"让尤立星欣慰的是，现在国内科研条件好了，在他的科研领域里，技术水平反超国外，2019 年底因为技术突破，探测器的探测效率达到了 98%，以至于科研人员出国学习的动力都不强了。"我们不比别人差，交流时腰杆也直了。"

对于青年人才该如何适应中国科技崛起时代，尤立星认为，年轻人要客观地认识自己，认识中国，不用妄自尊大，也不要妄自菲薄。"中国成为真正的世界科技强国就在年轻人这一代了。"

郭颖／文　周紫薇／图

人物名片

尤立星，中科院上海微系统与信息技术研究所研究员，超导电子实验室主任，信息功能材料国家重点实验室副主任，中国电子学会超导电子学分会副主任委员，国家超导标准化技术委员会副主任委员。"国家级人才"入选者、上海领军人才、上海市优秀学术带头人。

赵文祥：专注药物研发"接力赛"

  药物研发是一个接力赛，如果把研发过程比作种庄稼的话，我希望团队能够完成更多抗体药物的育种、生根、发芽，快速孵化出青苗后，输送到不同的药企中，交给下游的科学家开发成药，开花结果，造福病患。

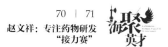

1984 年出生的赵文祥，如今是上海祥耀生物科技有限责任公司的
CEO，他带领着团队致力于抗体药物的育种研发。

科研　疫情不"停摆"

什么是抗体？抗体是免疫球蛋白，它在医学研究及临床疾病的诊断、
治疗、预防中发挥着重要作用。赵文祥打了一个形象的比喻，如果将抗
体类的生物药（单抗、双抗、抗体偶联药、CAR-T 细胞等）比作一部手机，
那么高活性抗体就是这部手机里的芯片。这类生物药物是否能发挥疗效，
抗体起着极为关键的作用。而赵文祥的工作，就是利用各种技术手段，
从动物中努力寻找到可以作为候选药物的高活性抗体。

新冠肺炎全球流行，让 2020 年成为赵文祥生命中特别的一年。

就在 2019 年，赵文祥的公司祥耀生物刚注册成立。在闵行区紫
竹国际教育园区的研发大楼里，他的实验室足足占了两个楼层，在这
里，他和团队可以同时开展十多个抗体药物的研发项目，大家正准备
大干一场。

但突如其来的疫情影响了实验室的大量研发工作。新实验室刚初
具雏形，因为疫情影响，很多研发项目被迫暂停。

新冠疫情迅速蔓延，第一时间找到阻断病毒的中和抗体非常重要。
华东师范大学生命科学学院刘明耀教授快速行动，与浙江大学医学院
附属第一医院常务副院长裘云庆一起组建了应急科研团队。在 1 月 10
日病毒序列公布后，团队立刻启动了在抗体检测试剂盒和针对病毒的
中和抗体药物研发方面的技术攻关。

作为项目执行团队，赵文祥接下了导师刘明耀教授给予的重任，

带领团队开始研发新型冠状病毒（SARS-CoV-2）的抗体检测试剂盒和治疗性中和抗体。"2020 年的那个春节，我和项目团队基本都泡在了实验室，疫情期间没有食堂，没有外卖，饿了就泡碗泡面，为了保证研发进度，很多实验重叠开展，基本没有休息时间，实在太累了就去办公室躺一会。"功夫不负有心人，经过几周的攻关，团队终于在 2 月 21 日筛选出多个针对新冠病毒的全人源抗体，并很快基于抗体开发出了灵敏性高、一致性好的 IgG/IgM 抗体检测试剂盒。"这款检测试剂盒操作便捷，仅需采一滴血，十分钟后就可以出检测结果，大大缩短检测时间。"随后，这款试剂被送往各大医院对疑似感染者、密切接触者、确诊病例进行扩大样本量的临床测试。

同时，团队利用噬菌体展示技术构建康复病人抗体库，筛选到的治疗性中和抗体，可以有效地阻断病毒蛋白，在传染病诊治国家重点实验室 P3 实验室完成阻断病毒进入细胞的中和活性后，于 2020 年 3 月授权药企开展药物开发。

全人源中和抗体的获得，可以实现低成本大规模的生产，质量稳定可靠，而且这是在人体免疫耐受环境下经过选择产生的成熟抗体，中和滴度高，作为药物应用于人体，具有极低的免疫原性，安全性更好，并且最新的数据显示，该中和抗体对多国的病毒突变株都有阻断作用。全人源中和抗体已经在新型冠状病毒肺炎的预防、诊断和治疗中发挥了巨大的作用。

梦想 "做药，做好药！"

对于赵文祥而言，针对新冠病毒中抗体发现，无疑让他兴奋，但这仅是他众多科研项目中的一个。每当任何一个科研项目筛选到高活性的分子时，他都会格外珍惜，这些发现就像他自己的孩子。

抗体疗法已经广泛地应用于治疗癌症、自身免疫疾病和传染病，然而全球批准上市的抗体类的药物仅 100 种，远远满足不了病患的需求。

"我的梦想，就是做药，做好药！"聊起深耕多年的事业，赵文祥有着坚定的信念。当年，研究生毕业后，他先后进入南京金斯瑞、上海药明生物、中科院上海药物所等单位从事抗体药研发工作，积累了丰富的行业经验。

2016 年，他开始创业，专注于大分子抗体药物研发。"这是个风

险高、周期长的行业。"赵文祥坦言。

　　做有应用价值的科学研究，成为一名有企业家精神的科学家，这是赵文祥追逐的目标，也是导师的教诲。创立的公司被收购后，赵文祥来到华东师范大学刘明耀教授的实验室求学，攻读博士学位。赵文祥被导师先进的转化理念启发，在刘明耀教授的鼓励和支持下，共同创立了上海祥耀生物科技有限责任公司，致力于抗体药育种研发，从源头上赋能中国生物制药。就这样，赵文祥一边攻读华师大的博士学位，一边踏上了第二次创业之路。

　　由于研究课题需要，赵文祥经常出入各大医院，跟临床医生进行深度交流，亲眼目睹了很多肿瘤病人的痛苦与无奈。紧迫的临床需求激发着他的使命感，他立志，一定要在重大疾病的药物研发方面做出成绩。

但是科学研究之路并非一帆风顺，每往前走一步，往往会有更多的问题和挑战。

"大多数的药物研发项目，最终都是失败的。但是反过来想，如果没有这些失败的结果，没有艰难的探索和辛苦的付出，也就没有最终的成功。为了那极少数的成功，值得！"赵文祥说，做科研最快乐的地方，是每取得一点进步，每到达一个关键的里程碑，就会有强烈的获得感。

"药物研发是长期的事业，张弛有度才能持久。保持好的心态，才能更好地做科研。"目前，赵文祥的团队已经建立了四个分子发现的技术平台，构建的抗体种子库已达数百个，开展了针对白血病、肺癌、肝癌、前列腺癌等多种癌症和自身免疫疾病的十多个抗体药物筛选，并成功转让 6 个项目。

顾金华／文　吴恺／图

人物名片

赵文祥，博士，上海祥耀生物科技有限责任公司创始人、CEO，上海市青年创业英才，具有 10 多年抗体药物工业界研发经验，曾任职于金斯瑞、药明生物、中科院上海药物所。研发的多款抗体药物已在临床试验或申报上市阶段，曾获第五届中国"互联网＋"大学生创新创业大赛金奖、第六届"创青春"中国青年创新创业大赛金奖。

司徒国海：科研探索一道"光"

　　无论从事什么领域的工作，一定要找到一个合适的问题；还要有敏锐的洞察力，不光要关注自己领域，还要关注相关领域的进展，不要局限在自己的领域里；还要跟国内外的同行甚至更高层次的人才建立交流与合作。

2012 年，34 岁的司徒国海决定回国发展时曾拿到国内好几所顶尖高校的录用通知，但他选择在位于上海市嘉定区的中科院上海光学精密机械研究所发展。"上海国际化程度高，包容开放，基础设施好，而嘉定区正好在上海西侧，交通方便，安静，学术声誉高。"就这样，他被引进到中科院上海光学精密机械研究所，在"光学成像"领域拓展出了一片科研天地。

做计算光学成像领域的探索者

2001 年，从南开大学毕业的司徒国海去往中科院研究生院继续深造。2006 年在中科院研究生院获理学博士学位后，司徒国海先后在爱尔兰都柏林大学电机工程系、德国斯图加特大学应用光学研究所、美国普林斯顿大学电子工程系从事科研工作。

司徒国海研究的方向是计算光学成像，较之传统光学成像的"点到点"一一对应关系，计算光学成像通常采集编码后的信息，其优点是可以对看不到的东西成像。"例如，对看不到的墙角拐弯处可以通过捕捉漫反射后的光，将走廊里的人和物计算出来成像。"司徒国海解释说。

在国外，司徒国海通过自己在计算光学领域的实力赢得了外籍科学家的尊重。刚到爱尔兰都柏林大学时，司徒国海曾用算法编程一个下午就解决了外国团队一个月都没有解决的问题。"还记得我一个月没有解决的问题你一下午就搞定了。"在一次十年后的国际学术会议上，一位爱尔兰科学家回忆起跟司徒国海的初次见面。这位中国科学家的实力让外籍科学家印象深刻。"只要你是某个领域的人才，有独到的建树，就会受到肯定和尊重。"2012 年，司徒国海选择回国，将

专业水平在上海发挥。他表示，回来有更好的平台，就这样，他选择了上海光机所。

在司徒国海落户上海后，进一步感受到了市区两级人才政策带来的便利。在嘉定，认定的高层次人才在住房、子女上学、配偶就业等方面都可享受便利。区相关人才政策更是在生活多方面为人才提供"绿色通道"。

"全息骑士"与
上海侨联兼职副主席

有了人才政策的保驾护航，司徒国海在学术上更是突飞猛进：迄今已在 *Nature Photonics*、*Light Science & Applications* 等期刊上发表 SCI 论文 80 余篇，被引用 5000 余次，在重要国际学术会议上作过 Keynote、Tutoral 和 Invited 报告 30 余次。荣获国际 Holoknight、全国归侨侨眷先进个人、中科院上海分院第六届杰出青年科技创新人才奖等。

2017 年，欧洲授予司徒国海"全息骑士"称号。30 年来，获此殊荣的全球科学家包括麻省理工原校长、美国工程院前院长 Chuck Vest 教授，亚利桑那大学光学中心创始人、美国光学学会前主席 James Wyant 教授等，而司徒国海是第一个获此殊荣的中国人。

2019 年，一位麻省理工学院的教授主动邀请司徒国海和一位加州大学教授一起撰写了一篇关于深度学习在计算成像中的应用的综述论文，非常有影响力。

近年，司徒国海又多了一个身份——上海侨联兼职副主席。“越来越多的年轻科学家选择回国发展，选择来上海发展。”司徒国海观察到，他的朋友圈里有很多“海归”青年科学家。“他们回国后，进科研院所、高校、国企的都有，回国机会更多，他们发展的势头很强劲。”

回国后，司徒国海也目睹了中国科学家的出色表现。“有位 70 多岁的美国科学家告诉我，这些年来，中国科学家登上国际舞台的机会越来越多，研究成果的水平也越来越高。”

郭颖／文 常鑫／图

人物名片

司徒国海，中科院上海光学精密机械研究所信息光学与光电技术实验室主任、研究员、博士生导师，国家高层次青年人才计划入选者，目前担任美国光学学会 Robert E. Hopkins 领袖奖和国际光学工程学会 Dennis Gabor 奖评审委员，德国、荷兰、以色列等国家的基金项目国际评审专家。同时担任上海市人大常委、侨联副主席、中科院第四届青联委员。

赵郑拓、许代超：在时代机遇中蓄力

赵郑拓："未来可以将各种信息通过脑机接口在大脑里上传下载吗？""将来是不是可以不用背书了，全靠一键复制？"对这些问题，赵郑拓的回答是"有可能！"但他表示，这需要漫长的努力，因为目前还无法知晓思维在大脑中存在的形式。

许代超：衰老是不可逆转的自然过程，但我们要研究的是如何让一个人健康地衰老。在上海建设具有全球影响力的科技创新中心路上前行。

　　通过捕捉大脑神经元的"摩尔斯密码"，不需要用手就能控制机械外骨骼，而在未来也许通过一个高科技的脑机接口，就能将信息在大脑里上传下载；首次在国际上揭示衰老的分子机制，发掘重要的药物靶点，为人类攻克老年认知障碍症等疾病提供基础……这些看似很科幻的事也许在不久的未来会成真。

脑机接口"上传下载"或将成为现实

　　1991 年出生的赵郑拓是陕西人，年纪轻轻已经是中国科学院脑科学与智能技术卓越创新中心的研究员、博导。做实验时穿着白色实验服的他看上去还像一名尚在校园的大学生，但事实上他已经在脑机接口领域有了自己的话语权。

　　2020 年 10 月底回国的他一来到中科院，就投入了紧张的研究工作。当时摆在赵郑拓面前的选择很多，在国外时他认识了上海神经所的一位同行前辈，两人一见如故。在对方的引荐下，他来到了上海，发现这里的科研氛围非常好，不亚于国外很多城市。"此外，在上海生活很便利，用手机就能一键解决很多生活琐事。而且上海有关部门对科技人才的支持让我感触很深。"

事实上，1991年出生的青年科技人才刚到上海没多久就参与了科技重大专项工作，他还获得了市科委颁发的求索杰出青年称号。"有关部门全力支持我目前的科研工作，让我能安心做事。"这一切让赵郑拓没了后顾之忧。

赵郑拓现在研究的领域听起来有些"科幻"。他需要做的是摸索大脑里的神经元有规律放电的轨迹，把大脑信号提取出来，试图进行"翻译"。一旦破译成功，就能做很多应用，比如通过释放相同信号对义肢进行控制。"目前，我们对研究的神经元没有区别对待。但其实大脑里有许许多多神经元，未来我们希望根据它们产生活动的频率、幅值，以及形态特征上的不同区分种类，进行更精细的解读。"

这项前沿的技术是赵郑拓读博期间在导师之前工作的基础上开发出来的，即便放到国际上也属于领先技术。也因此，一到上海，他就作为高端人才被多方青睐。

为人类老年认知障碍症提供基础

出生于1989年的许代超比赵郑拓大了2岁，目前是中科院上海有机化学研究所生物与化学交叉研究中心研究员，老家在安徽。2019年11月，他选择从美国回国来到上海，从事科研工作。

别看许代超才30岁出头，但他的科研成绩却相当好看。身为研

究员的他首次在国际上揭示了衰老的分子机制，发掘了重要的药物靶点，为人类攻克老年认知障碍症等疾病提供了基础。

许代超毫不讳言，来上海的最大的原因是导师。但这个选择显然是对的。让许代超感到惊喜的是，自己刚回国一两个月，就获得了启明星计划的支持，之后他又陆续申请获得了上海一些科研经费。"此外，上海各个专业领域的科研院所非常多，还布局了许多高科技尤其是高科技生物企业，这些都提高了上海吸纳科技人才的整体竞争力。"

"上海对于基础科研的支持令人刮目相看。比如我回国的时候，发现上海推出了超级博士后计划。博士后来沪后的收入能达到教授的薪资水平，这对于科研人才很有吸引力，有助于提升上海科研人才储备。"许代超说。

关于研究方向，许代超的想法是：衰老是不可逆转的自然过程。

但我们要研究的是让一个人健康地衰老。避免产生过多健康风险，导致生活品质严重下降。

我们主要研究的是神经系统的衰老，随着岁数渐长，人体各项机能都会下降，也就更容易患上神经退行性疾病，所以要找到一个靶点，找到几个重要因素进行干预。

和赵郑拓一样，许代超也对上海的科研氛围赞不绝口。"比如我的导师就擅长整合不同专业的人才的技能，大家各个击破，分别试图解决研究难题。比如我是从衰老这条路出发开展研究，还有的研究员从神经突树的角度研究。这样通力合作，就能加速度发现药物靶点。"

范彦萍、赵郑拓／文　受访者／图

人物名片

赵郑拓，博士生导师，中科院脑科学与智能技术卓越创新中心研究员。

许代超，博士生导师，中国科学院上海有机化学研究所研究员。

刘真：探索克隆基因编辑猴技术

　　做科研首先一定要有兴趣导向，努力起来才不会觉得特别辛苦。要在科研这条路上一直走下去，必须要有对于未知的好奇心，有很强的探索欲。也要喜欢长期待在实验室，待在与外界互动不多的这种环境，要静得下心。

　　我非常庆幸自己留在了上海，留在了神经所，这里有如此好的科研土壤和科研文化，有老师的悉心指导、培养和团队的信任与配合。我的导师孙强老师常说，老师不是学生的天花板，要我们有独立思考的能力。我也会像他一样努力培养学生，做一个尽心尽责的导师。

2021年的五四青年节，33岁的刘真荣获"中国青年五四奖章"，这位中科院脑科学与智能技术卓越创新中心（神经所）曾经最年轻的研究组组长，在这个"五一"小长假里，依然如往常一样，是在实验室里度过的。

在岛上与在市区 一样都是泡实验室

刘真所在的神经所非人灵长类研究平台，曾经位于一个岛上。对于年轻人来说，这里的生活可能有点乏味，但刘真在这里近10年，直到2020年暑假，平台才搬到松江。在刘真看来，生活没什么不同，"一样是泡实验室"。

他喜欢待在实验室里，安静地琢磨问题，不受外界干扰。在岛上的日子，他也觉得挺好，有时候周末放假要加班做实验，他会很自然地选择留下来。

刘真的研究离不开猴子。2018年，全球第一个体细胞克隆猴诞生于这个平台，"中中"和"华华"的名字响彻世界。自1997年克隆全球首只体细胞克隆动物"多莉"羊诞生后，科研人员先后克隆出22种哺乳动物，但与人类基因最为接近的猕猴的体细胞克隆技术却一直没有得到突破。中科院神经所克隆猴团队的成功，标志着中国率先开启了以体细胞克隆猴作为实验动物模型的新时代。

那时刘真还是恩师孙强团队中的一员，体细胞克隆猴的诞生，刘真功不可没，也让当年年仅30岁的他成为神经所最年轻的研究组负责人。

独当一面之后，他将更多的精力放在了实验室的建设及开辟新研究方向上。在3-5年时间里延续既有的科研课题，完成研究组的顺利过渡，同时开启一些感兴趣的新课题，这是他的计划。

三年过去，计划都在实施中。就在收获"青年五四奖章"后的 5 月 5 日，刘真与孙强老师、熊志奇老师合作完成的一项研究成果在线发表于《国际科学评论》（*National Science Review*）上。这是一项减少食蟹猴繁殖传代时间的技术，将原本自然繁育需要的五年时间缩短到了两年不到。"生命科学研究常用小鼠做模型，原因之一是小鼠繁殖较快，这次的科研成果缩短了食蟹猴的繁育周期，意味着我们在做研究时的转基因猴'子弹'可以更多。"

选择扎根国内 成长超乎预期

刘真也曾面临过这样的现实选择。

2010 年，从山东师范大学毕业后，刘真考上了中科院神经所的硕士研究生，导师正是后来的克隆猴团队负责人孙强。经过一年的系统学习后，他很快投入到了转基因猴工作中。那一年让他对非人灵长类领域有了全面的了解。"这是一个全新的领域，处于起步期，持续做下去一定大有可为。"硕士二年级快结束的时候，刘真就下定决心要在实验室好好做，争取做出点成绩。

硕士二年级到三年级，他主要进行胚胎学以及显微操作练习。一开始用小鼠的胚胎进行训练，他就每天坐在显微镜前，绷直腰，手、脚、眼并用要操作 6 个小时，持续了差不多有半年，也正是这段时期，让他在小鼠胚胎显微操作上打下了很好的基础。他还会经常帮实验室的工作人员做实验，向他们请教问题，逐步掌握了分子生物学、细胞生物学及辅助生殖的相关实验技能和理论知识。在孙强老师的鼓励下，他又开始开展猴精巢移植实验。

2016 年，刘真博士毕业，已经在国际顶级学术杂志《自然》上发表了关于自闭症转基因猴的研究论文，并被评选为当年中国科学十大进展之一。

在生命科学领域，留学深造是很多优秀人才最正常不过的走向。像刘真这样，在博士期间表现优异的，更是会收到很多橄榄枝，他当时收到的邀请中甚至还包括哈佛医学院。"去国外实验室读博士后，再回国成立自己的研究组，是我们这个领域大多数博士走的常规'套路'。"刘真坦言。

但他却反了一把套路，选择了留在神经所。"我是在这里一路成长起来的，获得了很多的支持，我觉得国外任何一个实验室都无法提供比神经所更好的条件来支持我开展体细胞克隆猴的研究。"之前参与的神经所重点布局攻克的非人灵长类体细胞核移植还没有解决，刘真不想半途而废，希望能继续寻求突破。

科研征途上　不能畏惧失败

在国内的这几年，刘真预想过自己会有所收获，却没想到这个选择给他带来的成长超乎预期。在体细胞克隆猴技术突破之后，他成了所里当时最年轻的独立研究组组长。

"我没想到会这么快成立研究组。"这 3 年来，刘真的研究组逐渐发展到 20 多人，包括实验室管家、研究助理、博士后和研究生，其中 90 后居多，最小的是接近 2000 年出生的。作为年轻的大家长，刘真的管理"策略"就是现身说法，用自己的经历来鼓励学生。

他会分享自己当学生做课题时遇到过的困难。"我会问他们，当你遇到一个实验两三年甚至四年都没有成功的时候，你能不能尽快地调整好自己，重新开始？"

做克隆猴，挑战很大，失败风险也很大。他记得在尝试一年后，胚胎可以移植到猴体内了，大家都很关注能否怀孕。"半年来每次孕检都跟着去，但一直都没怀上。又换其他方法，还是失败，试了三四个条件，都没成功。那还要不要继续尝试？因为当时大家对于第五个方法也并非很有信心，也可能不行，但我们还是踏实地做下去了，从超排方案、取卵时间、卵子去核、细胞融合，每个细节都做到了最优化，最终我们成功了。"

在刘真看来，成功从来不是偶然，在做科研的路途中，需要不断去面对失败。"只有时刻做好充分准备，才不怕失败，机会来了才能成功把握住。"

刘晶晶／文　吴恺／图

人物名片

刘真，中国科学院脑科学与智能技术卓越创新中心灵长类生殖工程研究组组长。2021年"中国青年五四奖章"获得者。

他是扎根本土的青年科学家，放弃国外顶尖研究所的邀请，留在国内潜心攻克从未有人成功过的非人灵长类体细胞克隆。2018年首次成功培育出体细胞克隆猴，成为生物技术领域近20年来里程碑事件。2019年他首次利用体细胞克隆技术构建了遗传背景一致的疾病克隆猴模型，这意味着克隆基因编辑猴技术由此从理论层面迈向了实践层面，中国正式开启了批量化、标准化创建疾病克隆猴模型的新时代。

张庆：实验型的 80 后科技创客

        创业的过程枯燥且寂寞，青年才俊需要坚持。坚持到最后会收获喜悦感、成就感。泰坦科技创业发展的过程也见证了"一分耕耘，一分收获"的道理。

不少企业选择在公司文化展示空间摆放发展历程或是过往成绩。泰坦科技的企业文化展示空间却是由"化学方程走廊"与实验室组合而成的。进入长达 10 米的走廊间，看到左右及顶部的空间由实验室玻璃白板装饰而成。白板上是员工们手写下的化学方程式。"学习之路"的尽头是"实践空间"。走入实验室展厅，观者更能直观地理解泰坦科技的业务覆盖面，即科研试剂、科研仪器及耗材、实验室设计建设及科研信息化等一站式产品与服务。

"我们创始团队成员都是从实验室走出来的'技术宅'。"在上海泰坦科技股份有限公司总裁张庆和同事们眼中，科学研究是他们发展十余年不变的基石。

想对选择创业的自己说：不负韶华，继续拼搏

2007 年，华东理工大学材料学硕士毕业的张庆与 5 位同学一道，将服务中国科技创新的创业项目在上海落地，并于 2007 年 10 月 18 日以"泰坦"之名创建了公司。历经十余年的发展历程，泰坦科技已是年营收超过 11 亿元的国内科学服务业领军企业，并保持快速发展势头，近三年复合增长率超过 30%。张庆和团队成员在探索科技创业的这段时间，曾遇到过大大小小的挑战。开拓市场、完善系统流程，对创业团队来说，这一些都是"新事物"。新事物推进磨合过程中，难免遇到"阵痛期"。"我们遇到发展困难时，第一时间还是会想到询问政府相关部门。"在张庆团队看来，营商环境决定了企业的发展速度和高度，"在与政府沟通后，通常问题可得到快速回应与解决"。谈及企业发展，张庆表示，公司"骑士团"敢拼搏、敢创新是企业发

展的源动力，而上海政府的高效、公平、法制化治理是企业发展的助动力。当张庆被问及"如果对当时选择创业的自己说一句话，想说什么"的问题时，他说："你还不够努力。不负韶华，继续拼搏吧。"张庆一边讲述，一边走到了企业"骑士"文化墙边。他提到的"继续拼搏"精神也贯穿在公司"骑士"员工们的发展过程中。

新起点，新征程。2020年10月30日，泰坦科技站上了科创板舞台，也让科学服务行业走入资本市场视野。短短几个月时间，科创板上市，为泰坦科技品牌提升、客户拓展、人才吸引等方面带来一系列新变化、新气象。唯一不变的是，这群80后大学同窗所坚守的创新创业之初心。

公司拿出成绩单，80余项专利见证企业发展

谈到上海人才发展，张庆滔滔不绝讲起在上海创业的优势："上海得天独厚的地理优势决定了拥有便利的交通、物流运输。对于创新企业来说，上海的航运物流中心地位帮助企业节约大量的时间和资金成本。上海作为国际金融中心，金融服务便利也给创业型企业发展提供了优势。

"我从外地来上海求学、创业，越往前走，越会考虑到家庭发展。"在张庆眼中，上海在教育、医疗方面有着高品质的保障，宜居宜业的环境助力企业通过人才引进等形式，吸引着一批批科研类人才加入。

上海拥有全球化先进科技创新中心吸引全球人才，高精尖人才汇集，意味着创新创业将会拥有强有力的技术支撑。企业的综合实力及科技发展就可以走在世界前沿，给企业发展带来更多的发展机遇。据介绍，泰坦科技30%的员工与技术研发相关，近三年研发投入超过

9500 万元。

在科技成果产出上，公司也拿出了"成绩单"。截至 2020 年，泰坦科技已申请发明专利 82 项，获得授权发明专利 28 项，获得软件著作权 24 项，获得 14 项实用新型专利及 14 项外观设计专利。

作为一家聚焦科技创新的"实验室场景"并深度服务生物医药产业的高科技企业，泰坦科技在疫情期间全力支持抗疫。自 2020 年 1 月 17 日，泰坦科技团队加班加点保障口罩、防护服等抗疫物资供应。团队火速讨论如何优化资源配置，调整业务重心，为一线的医疗人员、工作服务人员提供合格的安防物资和消毒用品。疫情发生后第一个月就向抗疫一线提供了 1500 万件防护用品和消毒物资，"疫情期间，每家企业都在体现社会责任感"。在张庆看来，泰坦的英文释义是巨大，团队也将带着发展大型企业的决心与强大的社会责任，与上海发展同频共振。

陈晓颖／文　施剑平／图

人物名片

张庆，毕业于华东理工大学，2007 年 10 月 18 日与 5 名同学共同创立泰坦科技，现任上海泰坦科技股份有限公司总裁。

刘思坦：在高速赛道上"百炼成钢"

　　因为创业中有很多开心，也有很多痛苦，所以创业很充实，让人生充满希望；从一个好的创意到产品开发，到项目落地，到真正产生社会价值，持续发展，是一个千锤百炼，百炼成钢的过程，这个过程需要我们不停地纠错和升级打怪，过程充满乐趣，充满成就感。

让空气变身生产力

物联网、大数据、云计算、人工智能，这些关键热词正在推动中国智慧城市的进程迭代。作为一家在环境生态上提供"智慧空气"解决方案的供应商，上海迪勤智能科技有限公司正在打造"传感器＋监测终端＋传输网络＋云平台＋应用服务"的一体化智慧生态包，成为环境空气的"诊断医生"。

迪勤科技创始人刘思坦认为，呼吸这件事也可以转化为生产力，这是智慧城市、健康建筑的重要组成部分。具体可以体现为三个方面：一是通过净化和治理技术有效提升员工的出勤率、专注力以及工作效率；二是通过数据服务，提供积极联想及正向的视觉效果，快速建立信任感，有效提升客户的转化率和客单价；三是通过空气质量的改善以及有效的可视化，帮助客户以较低的投入，快速建立品牌、社会责任及员工关怀。

对创新型的科技企业而言，"创新"二字是企业生命力的核心载体。刘思坦理解的创新，是利用新的技术或者新的模式，满足面向未来的需求和应用。智慧空气整体解决方案正是将物联网、云计算、大数据、人工智能等新 ICT 技术与传统环保进行深度融合，来实现空气质量的可视、可管、可控。据悉，目前迪勤已积累了超过 70 项知识产权，获批成立了市级院士专家工作站，与新西兰 Aeroqual 公司在上海建立了联合实验室，不断促进公司创新发展，积累核心竞争力。

新冠肺炎疫情下，企业的机遇与挑战并存。危机倒逼企业创新模式，寻求新的业务增长点。迪勤也不例外，刘思坦说，因为出差和客户沟通方式受限，反而逼迫团队苦练内功。疫情期间，通过线上提供解决方式，降低了沟通的时间成本，与客户的连接反而更紧密了。适时调整客户的空气解决方案，在硬件平台的使用上，通过租赁等形式降低客户前期的投入成本，提供更灵活多变的服务套餐，提升了产品附加值，这些创新模式让迪勤的发展更为顺畅，触达更多位于头部的客户资源，从一个浅海市场进入到一个深井市场。

上海引才聚才四个要素

上海是引才、聚才之地。作为重庆出生云南长大的新上海人，刘思坦认为，上海吸引他的四个核心要素分别是高效公平的营商环境，面向全球广阔的市场机会，丰富的教育、医疗资源、便捷的配套设施和城市服务，以及国际经济、金融、贸易、航运和科技创新"五个中心"的战略规划。

上海的魔力，在于它能为创业者提供高效公平的营商环境。在为政府提供项目配套服务时，标准和流程公开透明，办事效率很高，对创新型企业非常友好。在刘思坦看来，另一个巨大吸引力来自于上海及长三角巨大的市场潜力，创新业务一定需要有购买力的服务对象，迪勤目前已经为上海及长三角区域超过 100 个世界 500 强企业提供了产品和服务。

创新企业最需要的也包括人才和市场。除了营商环境的进一步优化，上海的软环境和硬环境都在发展和迭代，上海开放、包容、创新的城市性格吸引了越来越多的人才流入，上海丰富的教育、医疗以及便捷的配套设施和服务吸引越来越多的人才落户。

发出招贤纳士"英雄帖"

在聚合人才方面，刘思坦认为迪勤的优势是：面向未来高速成长

的赛道，锁定智慧物联＋环保应用；企业文化独树一帜，扁平化的组织架构，鼓励内部创业，甚至设置了内部创业专项基金；拥有快速升职的上升通道、完善的培训机制，以及具有竞争力的薪酬体系；积极帮助核心员工在上海落户，帮助外籍员工办理来华证；通过各种方式让核心员工获得社会认同、自我实现和职业荣誉感。

深具"主播"潜质的刘思坦用一段激情澎湃的视频介绍，向行业人才发出了"英雄帖"。迪勤选才最看重的是这两种能力：一是快速学习、快速成长、快速适应变化的能力；二是思路清晰，能快速发现并抓住事物本质的能力。

刘思坦说道："迪勤所在的物联网＋智慧环保的赛道够长，老板愿意花时间与您紧密沟通，共同成长；我们提供完善的培训机制，广阔的晋升空间，有竞争力的薪酬体系；我们鼓励内部创业，迪勤甚至愿意做您的天使投资人；加入迪勤，让我们一同成就未来，不负青春！"

冷梅／文　吴恺／图

人物名片

刘思坦，上海迪勤智能科技有限公司创始人、上海市青年创业英才。创立迪勤科技前，曾就职于世界500强霍尼韦尔集团，在传感器领域拥有十余年经验积累。2012年创办迪勤科技，基于传感技术，结合新ICT技术，进入空气监测领域，短短几年时间成功带领迪勤科技营收突破1亿，荣膺福布斯中国非上市企业50强。

王友鑫："靶向"有爱的事业

　　我们是非常幸运的一代，处在中华民族伟大复兴的关键时刻，希望大家都能在伟大时代里，找到自己热爱和愿意奋斗终生的事业，做真正有价值的事情，在自己擅长的领域里做到极致，珍惜时间，不负韶华。选择与优秀者同行，志存高远，牢记家国情怀，将自己的奋斗融入城市奋斗和国家发展的进程，勇于担负起时代赋予的使命，积极回报社会！

有这样一群人，他们身上的共性是"学霸"，在专业领域，一路攻克到博士或博士后，卓有成就，在各自领域贡献巨大……但他们身上更多的共通点是——不服输、不断探索，有着创造价值的"冒险家"精神，更有"低调、谦虚、坚持"的性格特点。上海璃道医药科技有限公司的创始人王友鑫就是其中一员，在靶向离子通道的创新药物研发领域已闷头耕耘五个年头。他想要做真正能够让患者获益的医药产品，担负起这个时代赋予青年科技工作者的担当与使命。

初　心

说起王友鑫，很难用一个确切的身份来定义他。除了科学家、创业者，他还是一名创业导师、公益人。2016年，博士毕业的王友鑫毅然决定创办一家创新药物研发企业，说起这样的决定，他说很感谢一支叫"新药梦之队"的同道中人，他们的一言一行，思想理念，在无形中对他产生了熏陶。

"我一直觉得，自己的科研成果有朝一日被落地使用，造福于有需要的患者，这是一件多么有意义的事情。"其实，早在博士阶段，王友鑫就一直参与导师的药物创新研制项目。在开展的诸多课题的过程中，将多个国际奖项收入囊中。毕业后的他想要继续投身这项"有爱"的事业，尽己之力，创造更多的社会价值。

2015年，恰逢药品审批制度改革，社会资本大量涌入药品研发领域，"药物创新领域是当时国家重点扶持的产业，这更坚定了我在此领域创业的想法"。2016年，王友鑫和志同道合的伙伴们，开启了自己的创业生涯，成立了上海璃道医药科技有限公司。

经 历

很长一段时间里，王友鑫和团队成员起早贪黑，在实验室里一待就是整整 15 个小时。两点一线的生活，并没有让这群 90 后感到乏味，他们都深切地感受到，这是一件造福社会的"大事"，会让今后的自己收获更多感动、意义与成就。

创业以来，王友鑫带领着团队深耕靶向离子通道的创新药物研发领域，以临床上未能满足的需求为导向。他将企业的文化理念定义为：科技创新，锐意进取。多年来的执念，让他成为开发全球首款靶向 TRPA1/5-HT/NE 的三靶点非阿片类无成瘾性慢性痛治疗药物的研发者。今年，在靶向离子通道的创新药物研发领域走过第五个年头的他，入选了 2021 "上海科技青年 35 人引领计划"。

目　标

王友鑫说，自己想要做真正能够让患者获益的医药产品，这是一份"有爱"的公益事业。"这个领域是艰苦的，却又是幸福的。"相较于其他生物医药细分领域，王友鑫说，目前从事靶向离子通道、神经系统研发的企业数量相对较少。"因为这个领域难度更大，研发和药物临床周期更为漫长。"但是庞大的患者数据，正是他和小伙伴们坚持在这条路上，不断钻研、探索的动力所在。王友鑫希望，自己可以成为推动该领域发展的"公益人"，在未来通过他们的努力，助推国内行业内鲜有人触碰的细分类别发展，将自己的科研奋斗融入城市和国家发展的进程，勇于担负起时代赋予青年科技工作者的担当与使命。

陈颖婕／文　受访者／图

人物名片

王友鑫，华东理工大学药学博士，高级工程师，上海璃道医药科技有限公司董事长。同时担任华东理工大学硕士研究生企业导师、上海市青年创业协会会员，闵行区青年企业家协会会员。入选上海市青年创业英才、上海科技青年 35 人引领计划、上海市科技启明星、上海市扬帆计划、闵行区青年创业英才、春申人才。

戴时超：构建可观可管的"元宇宙"

虽然我创业的时间并不长，很多事情还在摸索中，但创业给我最主要的一点感受是：年轻人一定要敢想、敢拼、敢闯。就现在社会的大环境来讲，对于年轻人的包容性非常高，你做错事情不要紧，关键是心中要有一个创业的理想，让这团火燃燃升起，总会发光发热的。

"我们运气还挺好的，遇到了一个好时机。"致力于构建一个可观可管的超大城市"元宇宙"世界，是戴时超三年前就开始为之奋斗的事业。今年，随着"元宇宙"概念的大热，戴时超和曜科智能也成了站在风口上的人。

用数字孪生这把"钥匙"开启"元宇宙"

2018年，戴时超作为COO加入曜科智能，成为初创团队中的一员。最初，公司致力于打造光场的三维重建，当时还没有数字孪生和"元宇宙"的概念。戴时超回忆，最早接触这一领域其实是源自上海科技大学抛出的一个课题——将整个校园环境进行三维智能重建。

然而，做完三维模型之后，戴时超发现，光是静态的三维模型并没有可用性，"必须把校园内的车流、人流、监控等各种管线，包括很多隐藏在建筑内的信息全都叠加到三维模型上，再经过不断的重复迭代，这个模型才慢慢实现了可用性"。

经过这次课题经验的积累，曜科智能在之后与中国商飞的合作项目中，又成功打造出了一个数字孪生工厂的概念。三维化数字孪生底座也逐渐发展为曜科智能的核心产品。

在今年国庆前夕，上海首个数字孪生博物馆系统在上海历史博物馆上线，它对博物馆及周边进行了超精细三维数字化复原，利用三维数字孪生引擎实现了博物馆大楼内外的1：1三维数字孪生，并对接政府业务数据、物联感知数据、环境天气等多维实时动态数据……这正是曜科智能推出的一套"时空一体的数字孪生系统"，让博物馆"活"了起来，开启了全新的"元宇宙"平行世界。

据了解，这套系统可以为博物馆管理提供数据交融和处置联动的平台，并能为参观的群众提供有洞见的数字信息服务和普惠人工智能的体验。

早在公司成立之初，曜科智能就顺应上海城市精细化管理发展的需求，切合时机地打造了一个面向城运中心的三维智能化管理平台和底座。并在上海建设"一网统管"平台的进程中，承担了多个政府项目，如市级城运中心和16个区级城运中心。将光场技术推广到城市治理方向，从而打造一个可观、可用、可指挥的数字孪生底座。

2020年，他们还为张江人工智能岛开发了智慧园区运营管理平台，可实现一图管理、无缝切换，同时具有多相机高低视角预警联动功能，能满足应急指挥、人车安防等管理需求。从演示画面中可以看到，当有人或车靠近人工智能岛的变电站时，电子围栏就会自动预警，派遣安防机器人进行排查。又如，园区某处出现火灾苗头时，传感器会发送数据，平台则会发送短信给相关人员，提醒他们及时应对。

目前，公司为智慧城市、智慧园区等提供的数字孪生产品和服务也正是基于这套"时空一体的数字孪生系统"。

从小众领域到行业焦点，不是一个人在独自前行

本科从上海交通大学机械与工程学院工业工程专业毕业后，戴时超曾前往美国德州大学奥斯汀分校就读运筹学与工业工程专业，专攻数据挖掘和建模领域。对于留在美国发展还是回国发展的问题，他也曾犹豫过。最终，戴时超选择回到故乡上海，落叶归根。除了对故乡的依恋，他选择在上海发展也考虑了很多现实的因素。

首当其冲的就是上海海纳百川的包容性，"这里汇聚了众多的高技术人才和高精端资本，放眼全世界，在这方面很少有城市能超越上海"。戴时超和团队目前从事的项目和城市的发展息息相关，他认为，上海城市建设的迭代很快，在这里可以找到更多的机会，"比起纽约、伦敦这样的城市，它们可能在一两百年内也不会有大的城市更迭，这也是我选择回到上海的一个重要原因"。

"在校企融合方面，上海也做得非常好。"曜科智能由于背靠上海科技大学的平台，在这里，产学研孵化得到了高度重视，这也让他和团队有更多的机会把自己的技术变成现实。更重要的一点是，上海政府对年轻人创新创业给予了很大的支持和鼓励，让选择回国创业的戴时超倍感温暖。

从 3 人的初创团队发展到如今超过 30 人的团队规模，经过 3 年多时间的磨砺，戴时超和团队已成为光场技术的引领者，数字孪生

也从小众领域变成了炙手可热的行业焦点。创业以来，他感受到了人工智能领域快速的技术更迭、快速的人才流动和迭代，以及客户的高要求。这些对他和团队来说，既是压力也是动力。这一路走来，他们不惧失败，勇于探索，越挫越勇。同时，也得到了不少"贵人"相助。

比如，参加"创青春"上海青年创新创业大赛。戴时超很感谢团市委为青年创业者搭建的这个展示平台，正是通过参加大赛，不仅让他找到了投资人，也让他结识了很多志同道合的朋友，有些甚至还成了他们的客户和供应商。"我觉得，团市委给我们提供的这个平台非常迎合年轻人的口味。特别是在这个平台里，我发现自己不是一个人独自在前行。很多的社会资源也聚集了起来，确实对我们帮助很大。"戴时超说。

目前，曜科智能正在快速推进数字孪生平台在市级城运中心和16个区级城运中心的部署，希望能通过这个平台为上海提供一个良好的精细化管理底座。"我们作为一家技术公司，希望为'元宇宙'未来的蓬勃发展提供底层的技术支持。无论'元宇宙'走到哪里，对我们的这些快速精准的三维构建方式都是必不可缺的。"戴时超也希望，光场技术能切实应用在生活领域，能够保障人们的生命财产安全，满足用户更真实的需求和体验。

蔡娴／文　吴恺／图

人物名片

　　戴时超，曜科智能科技（上海）有限公司COO，曾获得2019年"创青春"全国赛商工初创组银奖，2019年"创青春"上海赛人工智能单元赛三等奖，被评为上海市青年创业英才。曜科智能自主研发的智能光场围栏系统已经成功应用于安防、物流等多个领域，同时服务于国家公安部等政府部门，在视频流人像采集、比对技术中保持着全球领先的优势。

从跟跑、并跑到领跑，
一群"追光者"闯关在路上

　　我们团队大多数青年都是"新上海人"，我们在经济发达的上海读书、工作，感受着上海在经济、科技上的便利与先进，这对我们科研工作者而言是很好的环境。此外，上海给我们青年人提供了系列政策支持，提供了良好的发展土壤。更多青年人投身上海建设，为上海发展添砖加瓦。

上海光机所超强超短激光攻关青年团队，于 2016 年成立，承担了上海张江综合性国家科学中心首批重大科技基础设施项目"上海超强超短激光实验装置"（又称"羲和激光装置"）的研制任务。2016年 8 月实现 5 拍瓦激光放大和脉冲压缩输出；2017 年 10 月在国际上首次实现 10 拍瓦激光放大输出；2020 年 12 月建成世界首台 10 拍瓦激光实验装置，创下国际最高激光脉冲峰值功率纪录。在"纪念五四运动 102 周年暨'上光青年心向党·青春奋进新时代'"分享会上，获得第 25 届"中国青年五四奖章"（集体）的中国科学院上海光学精密机械研究所超强超短激光攻关青年团队用一串经历，分享团队 52位青年研究者从跟跑到并跑，再到领跑的科技攻关之路。

一个打破世界纪录的上海团队

2017 年 10 月 24 日，是对国家、对团队每个参与青年都有纪念意义的一天。

攻关团队实现 10 拍瓦能量放大输出，完成原型装置验证。这一天，团队成员以激光技术打破了世界纪录。

激光是原子受激辐射出的光。团队研究的超强超短激光可谓是激光中的"巨无霸"，是探索极端条件物质奥秘的利器。峰值功率极高、持续的时间极短，这两大特性构成了"超强超短"的硬核实力。这种激光达到了飞秒量级，即一千万亿分之一秒速率。正因其背后巨大的应用价值，世界各发达国家也在投入巨资开展研究。

中科院上海光机所超强超短激光攻关青年团队用了 5 年时间，打破了超强超短激光的世界纪录。

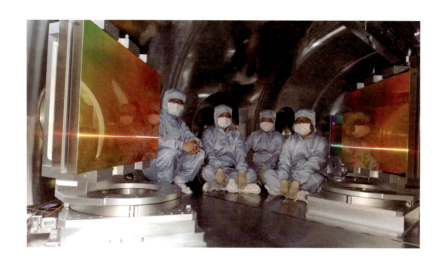

在 2018 年 1 月出版的《科学》杂志上，将该团队在上海超强超短激光实验装置建设中取得的进展，列为国际上自 1960 年第一台激光器发明以来，人类在激光脉冲功率提升方面的第 5 大里程碑式进展，而其他四个里程牌式进展包括激光器的发明均是美国科学家和研究机构完成的。

一支更能吃苦的年轻队伍

"这支年轻的队伍、这些年轻人实至名归。"团队带头人、中国科学院院士李儒新对这支青年队伍评价的背后，是青年团队成员持续的智力、体力付出。

2015 年，为了进一步升级装置，激光实验装置"落户"在浦东张江高科技园区。在空荡荡的实验室里，团队青年"拓荒"，自己动手设计、组建、安装实验设备。大多数成员家住嘉定的上海光机所附近，为做好科研攻关，团队成员基本上都在早上 8：30 开工，一直在实验室"泡"到凌晨。为节省科研攻关时间，部分团队成员索性住进园区，一两周才回一次家。

在科研攻关过程中，团队曾遇到过"卡脖子"难题。相当于超强超短激光装置"心脏"的钛宝石晶体当时只能依赖进口。但此核心部件要等国外项目完成后才会提供。自己攻难关！上海光机所决定联合所内优势力量自主研发。2017 年，上海光机所成功研制全球最大尺寸、直径达 235 毫米的钛宝石晶体，为上海超强超短激光实验装置安装好"心脏"。

科研脚步不停歇。2017 年正是团队攻坚克难的关键阶段。在上海光机所党委领导下成立了强光二支部，由 85 后青年科研骨干担任党支部书记，并授予"超强超短激光项目攻关尖刀连"称号，发挥支部的战斗堡垒作用。为达目标，团队成员们形成了一条不成文的上班节奏：早上 8：30 到凌晨，没有双休。强光二支部书记、装置主放大器系统负责人於亮红记得当时采购设备时恰好遇上海高温天气。在炎炎夏日，团队成员抬着刚到位的加工设备，抓紧时间清洗，再经过一系列特殊流程，到设备进入实验室已经晚上 12 点了。在这样的工作节奏下，团队成员随着超强超短激光装置"成长"，共同建成了打造世界级重大科技基础设施集群的重大核心平台。

一群不懈钻研的"追光青年"

这群"追光青年"用实际科研付出，为国家重大科技基础设施添砖加瓦。在 2017 年取得成绩后，团队继续深入研究。2019 年 12 月份，装置获得最高输出 12.9 拍瓦，平均 11.7 拍瓦的成果。10 拍瓦约等于

全球电网平均功率的 5000 倍，约等于地球接收到的太阳总辐射聚焦到头发丝大小对应的光强的十倍。

　　"这一科研项目背后有着不少应用价值。"团队成员、上海光机所强场激光物理国家重点实验室研究员田野介绍，在天体物理、清洁能源与医学诊疗方面，超强超短激光有着广泛的应用。在不远的未来，癌症患者将会因超强超短激光得到更优质的治疗。

　　　　　　　　　　　　　　陈晓颖／文　　受访者／图

团队名片

　　中科院上海光机所超强超短激光攻关青年团队，负责承建张江综合性国家科学中心核心国家重大科技基础设施项目"上海超强超短激光实验装置"。2017年10月，在国际上首次实现10拍瓦（1亿亿瓦）激光放大输出，被2018年1月《科学》杂志评价为国际上自1960年第一台激光器发明以来，人类在激光脉冲功率提升方面的第五大里程碑式进展，而其他四个里程碑式进展均是美国科学家和研究机构完成的。2018年11月，习近平总书记在张江科学城展示厅考察期间，给予"最强光"的评价。2020年12月，上海超强超短激光实验装置通过项目总体验收，建成世界首台10拍瓦超强超短激光实验装置，这也是上海科创中心首批部署建设并首个建成通过验收的大科学装置。近五年，该团队荣获"上海市标杆青年突击队""上海市青年五四奖章"（集体）称号，荣获"上海市五一劳动奖"等多项荣誉。该团队努力践行"激光在我手上，家国在我心中"精神，誓以科技报国。2021年，团队获得第25届"中国青年五四奖章"（集体）。

助推"航天梦"背后，
有这样一支青年团队

　　吴天宇：保持好奇心。遇到不明白的地方，首先先自己思考，如果一段时间还是想不明白，就去请教专家老师。

　　丰凡：不经历风雨，怎能见彩虹。虽然压力大，但是很充实。

　　孙小艺：有压力，才有更多的动力。

　　神舟、天舟、天宫……这些让人耳熟能详的航天"神器"背后，都离不开一个稳定可靠的推进系统。承担这一研制任务的，就是一支平均年龄仅 32.4 岁的青年团队——中国航天科技集团有限公司六院八〇一所载人航天推进系统部。2021 年，他们还荣获了"中国青年五四奖章"（集体）称号。

细致又细致，质量进度"双确保"

　　2021 年 9 月 17 日，三位宇航员乘神州十二号载人飞船"回家"。他们待了 3 个月的天和核心舱是空间站的管理控制中心，也是航天员驻站生活、科研工作以及对接飞船和载荷的主要舱段。对长期在轨工作的航天器而言，核心舱不仅对维持其姿态和轨道非常关键，而且还要支持航天器的在轨推进剂补加，同时核心舱要满足在轨工作的时长是十多年。由航天八〇一所负责的核心舱推进分系统产品正是为了满足这些重要任务而研制的。

余山发动机试验站的夏天很炎热，冬天又冰冷刺骨，几次试验几乎都是在这样的极端天气下进行，但这丝毫没有阻挡研制的脚步。"办法总比困难多。"核心舱推进分系统主管设计师吴天宇一直记得师父对他说过的这句话。在全系统热试车准备期间，吴天宇顶着将近 40℃ 的高温，奋战在佘山试验站的一线。为了不耽误研制进度，他每天从早到晚，在现场核对零件和图纸，仔细检查每一个环节，指导车间师傅高效率装配。

2018 年 6 月的试车任务进度尤为紧张，怎么保证质量，又能赶上进度？吴天宇动起了脑筋。在充分理解试车产品的基础上，他将产品装配流程分成了两个部分，并将车间师傅分为两个小组，这样就能将传统串行的产品装配流程变成并行，大大提高了装配效率。原本预计要一个月才能完成的工作，因为他的"巧思"，被压缩到了 10 天完成，有力保证了试车进度，为后续核心舱推进分系统正样产品研制提供了试验支持。

这也是每一个团队青年的常态，确保质量，不断创新。为了实现百分之百的飞行成功率，载人部针对天和核心舱推进分系统开展了大量的质量分析和质量复查工作。对两千余条焊缝和产品的极性，他们进行了全面的梳理和检查，并针对推进系统特点，创造性地提出了细化到组件级的产品保证要求，确保稳妥，做到万无一失。

三个"首次"，创新突破攻克难关

空间站是国家航天技术水平的标志性体现，也是中国载人航天三步走战略中的重要部署，而推进系统则是整个空间站在轨运行的动力基础。为了确保空间站长期在轨运行，载人部肩负了攻克推进剂在轨补加技术的重要使命。

载人部目前共有成员 32 名，平均年龄 32.4 岁，其中 35 岁以下 20 人。正是这样一支年轻的团队，通过十余年的努力，成功打破国外技术封锁，填补了国内空白，使我国成为世界上第三个掌握该核心技术的国家，并圆满完成了以天和核心舱发射及飞行、载人交会对接、推进剂在轨补加等为代表的重大工程任务，为中国载人航天技术发展作出了突出贡献。

针对空间站在轨运行不少于 15 年的设计寿命要求，年轻的他们胆大心细，充分发挥首创精神，在自动控制、霍尔电推、人机工程等数个领域为天和核心舱贡献了三个"首次"。

首次实现推进剂自主补加。推进剂是空间站持续在轨运行的基础，为确保在交会对接后，货船内的推进剂更加精准地补加到核心舱内，团队首次提出了自主补加设计方案，他们编写了三百余条故障预案，并创新性地对补加流程进行了模块化设计，设计研发了智能推进管理器，使整个补加过程可以不依靠地面的指令干预或航天员的辅助操作就可自主完成，这为空间站长期在轨运行提供了有力保障。

首次使用霍尔电推进发动机参与姿轨控。为确保空间站在运转过程中，不因地球引力而影响轨道高度，同时节省化学推进剂的消耗，进一步提高使用寿命，团队大胆提出了使用霍尔电推进发动机的技术方案。经历了多轮方案设计和试验验证，最终为天和核心舱配备了 4 台自主研发的霍尔电推进发动机。这也是我国首次将电推进动力系统

运用到载人航天器上。

首次为航天员设计了出舱更换维修方案。由于空间站设计寿命超出部分重要设备的工作寿命，团队结合实际需求和产品风险评估，综合考虑了航天员需求和产品工效学，设计了推进系统多种重要设备可由航天员出舱在轨更换维修的方案，进一步保证并延长了空间站的使用时限。

刘晶晶／文　受访者／图

团队名片

中国航天科技集团有限公司六院八〇一所载人航天推进系统部主要承担我国载人航天工程空间飞行器，包括神舟、天舟、空间站等国家重大型号的推进及补加系统研制和载人探月相关工作。通过多年努力，打破国外技术封锁，成功突破了空间站推进剂在轨补加技术，使我国成为世界上第三个掌握该核心技术的国家；成功研制并在轨运行了我国当前复杂度最高、技术最先进、具有完全自主知识产权的推进及补加系统，圆满完成了空间站天和核心舱发射、载人交会对接等任务，为中国航天技术发展作出了突出贡献。曾获"中国载人航天工程突出贡献集体""中国青年五四奖章"（集体）等荣誉。

潜心专注
砥砺前行

孙峰：永远在路上，帮助更多人

　　要保持学习的能力，最大的动力就是好奇心。只有带着好奇心，去不断探索更好的治疗方案。促使这些发现最终能回到临床上，从而改善患者的治疗效果，这就是做科研最大的动力。

在接到出发集结令的电话后，他 24 小时便抵达了武汉方舱医院前线，在救治患者的同时，思考着如何提升我国的公共卫生体系。武汉归来，这位年轻的小伙子继续忘我地投入到繁忙的临床和科研工作中。

"科研，可以为医疗发展带来更多的发展和进步。"在复旦大学附属华山医院感染科医生孙峰看来，科研探索一直都在路上，因为可以帮助更多的人。

驰援武汉方舱，学科使命责无旁贷

"我当时也请战了，但没批准我去……你们去的人都是优秀的共产党员，讲都不要讲的，我们科室都是共产党员先上，不是共产党员也先上了。""硬核"教授、复旦大学附属华山医院感染科主任张文宏口中优秀的同事是谁？在结束武汉抗疫工作返沪前，一张照片曾在华山医院内部刷屏，照片上有着"华山感染"驰援武汉的六名医生，奋战在武汉不同的医院。

1988 年出生的孙峰，正是其中之一。

2020 年 2 月 4 日，疫情防控到了关键时期，国家决定建设"方舱医院"，首个启用的武昌方舱医院计划投入 500 张床位用于医疗救治，华山医院感染科副主任张继明率队出征，孙峰随队支援武汉"方舱医院"。

在接到支援武汉的电话后，孙峰和妻子商量了一刻钟后，义无反顾收拾起行囊。"其实，接到电话那一刻，我已经决定出发了，只是为了照顾爱人的情绪，所以还是和她'商量'了下，对新冠这种陌生的病毒，大多数人还是有着恐惧。"

2 月 5 日，接到集结命令的 24 小时后，孙峰已身处武昌方舱医院

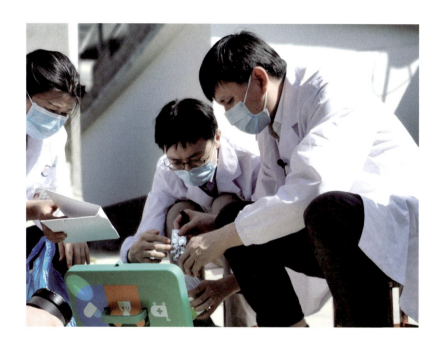

前线。眼前偌大的体育场，摆放着密密麻麻的行军床和必要的生活设施，装修工人还在紧锣密鼓的完善电路。

几经辗转，张继明教授和孙峰带领团队其他人一起前往郊区寻找日用品仓库，买到最基本的拖把、垃圾桶、垃圾袋和消毒片，自己开着车把物资扛了回来。

"再组织系统性的院感培训已经没有时间了，我们只能守在方舱入口，医生、护士、水电工、保安，一个也不能放过！当晚 500 名患者进入方舱，此后患者呈井喷式增长，救人迫在眉睫。"孙峰说，刚驰援武汉时，困难确实不少，但是只能迎难而上，这是唯一的选择。

孙峰赴鄂援助之时，科室主任曾反复嘱托，希望他到武汉在救治患者的同时，深入观察当地的情形，了解疫情对医疗秩序的影响，以便进行针对性的救助工作。在方舱的每一天，孙峰在紧张地救治病人的同时，一直在认真思考这个问题。"我们国家的公共卫生体系在应对方面还有很多可以提升的，作为年轻一代，我希望能够像张老师一样，在合适的机会发挥我们的力量，把这个体系做得更好。"

直到返回上海，领队张继明才敢告诉大家，在武汉期间，孙峰两次出舱时缺氧不适，但是始终在坚持工作。

"新冠疫情来袭，作为感染科医生，对病毒理解是最客观的，不会过度恐惧。"如今，再谈及在武汉方舱抗击疫情，孙峰觉得：这是学科使命，责无旁贷。

科研，永远在路上

新冠病毒，这种来势汹汹的呼吸道传染病让全世界不寒而栗。而如果说新冠是一场突然到来的超强飓风，那么有另外一种呼吸道传染病，就像是多日不散的雾霾天，影响范围广、破坏程度深，那就是结核病。

结核病，曾经也叫"肺痨"，很多人可能认为结核病已经绝迹了。事实上，作为感染科医生，孙峰的主要科研方向之一就是这种疾病，他无时无刻不在和结核病打交道，结核病像他心里的一根弦，永远在鉴别诊断中占有一席之地。

一边是临床，一边是努力通过科研来寻求最佳的治疗方案。科学探索的背后过程却往往并不顺利，需要坚持与勇气。

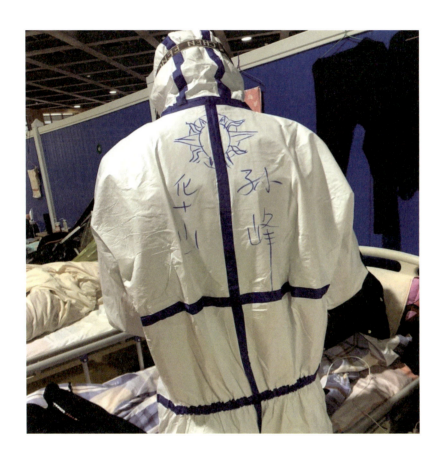

　　科研，永远都在路上！在孙峰看来，临床工作是在治病，但是数量毕竟有限，但科研探索更是可以帮助更多的人。临床和科研绝不是完全分割的两个体系，科研学术，源于临床，也用于临床。在临床中发现的问题，通过科研手段来实践解决。同时，带着科研的思维来看病救人，也能更深入地从机制上来进行疾病预测筛查和诊断治疗。

　　2020 年下半年，在科室主任的带领下，孙峰等一起前往云南九个州进行调研。一下飞机，大家未休息片刻，立即赶到一个个山区看望耐药结核患者，实地察看当地的结核病防治工作情况。

　　"在那里，我们深刻地感受到还有很多结核病患者、特别是耐药结核病患者，迫切等待着有效治疗。"耐药结核防控是结核病防控的硬骨头，其治疗率、治疗成功率有很大的提升空间。消除结核病，解决贫困地区、贫困人群公共卫生疾病流行问题，它对巩固脱贫攻坚成果有着重要意义。

　　加强合作、对接，积极争取社会各界力量的支持与帮扶……在团队的共同努力下，成立"蓝农"基金，耐药结核病公益帮扶项目启动了，目标就是为了提高僻远地区耐药结核病的治疗率和治疗成功率。

　　所有的付出，都有收获。孙峰以第一作者及通讯作者身份在 *European Respiratory Journal*、*Antimicrob Agents Chemotherapy*、*BMC medicine* 发表多篇 SCI 论文，贡献耐药结核病短程治疗中国方案，且成为世界卫生组织和中国指南推荐及引用证据。现孙峰主持耐药结核病新短程治疗中国方案的 TB-TRUST、TB-TRUST-PLUS 研究。

　　孙峰说，作为一名感染科医生，他期待着通过他们的科研以及社会各界的努力，提高耐药结核病的治疗率和治疗成功率。

顾金华／文　施培琦／图

人物名片

孙峰，医学博士，复旦大学附属华山医院感染科主治医师，主要科研方向为结核病相关临床研究。现任全国结核防治综合质量控制专家委员会委员、中华医学会结核病学分会结核性脑膜炎专业委员会秘书、中华感染病真实世界研究协作组秘书，是国家"十三五"重大科技专项课题任务负责人，入选上海科技青年 35 人引领计划、上海市扬帆计划。

2020 年新冠肺炎华山医院援鄂医疗队队员，荣获上海市新冠疫情防控先进个人。

谭黎敏：让 AI 为产业赋能

青年人要凭借创新和勇气调整自己，以适应中国科技崛起时代。

"我们将 AI 技术结合到应用场景中，这正是我们公司的立身之本。"2015 年，80 后上海小伙谭黎敏在上海创立了西井科技，聚焦人工智能技术应用研发。作为国内少数具备全栈式开发能力的人工智能公司，西井在上海放眼全球，为智慧大物流和智慧城市运营等行业提供智慧升级。

立足上海，放眼"一带一路"

与以往人工智能企业给人带来的固有印象不同，西井科技有一种"反差萌"。"西井"二字取自谭黎敏曾就读的上海朱家角中学门前的西井街，以千年古镇里的一条街来命名走在当今科技最前端的公司，让人颇感意外。此外，公司坐落在一条市井气息十足的小马路上，整个公司装修风格充满着浓浓的艺术气息。这些"不走寻常路"的做法一方面展现出公司的海派基因，另一方面也正应和了谭黎敏创立西井的理念：取智于人，用智于人，以人为本，让科技变得更有人性和温度。

"2018 年，上海在全国率先启动了 AI 应用场景建设计划，技术落地必须要有产品支撑，我们正好赶上了这个大风口、好时机，业务量与员工数也正是在那个时期开始猛增，为如今的规模与地位奠定了基础。"谭黎敏介绍，西井最具代表性的一块业务是集装箱物流，西井不仅打造了多个全球领先的人工智能港口标准，而且成为港口智慧转型的引领者和实践者，通过打造全局化智慧升级解决方案，在智慧港口、自动驾驶等领域领跑市场。上海在打造国际航运中心的过程中，离不开智能航运建设。西井用技术作为支撑，为航运发展提供智能"动力"。据介绍，除国内业务，目前西井的八十余个签约客户遍及"一带一路"沿线的东南亚、北欧、中东等多个国家和地区。

在阿联酋落地无人驾驶业务

2021 年，西井科技 Q-Truck 无人驾驶集卡车队出海中远海运阿布扎比哈利法港二期码头，全球首创"无人驾驶商业化代运营"，创新集装箱按量收费新模式，赋能"一带一路"的智慧输出，助力后疫情时代物流无人化场景建设。

经受住当地每日平均 40℃以上的高温等系列挑战，目前 Q-Truck 无人驾驶车队已参与哈利法港二期码头实船作业。Q-Truck 搭载多套工业级传感器，具备超高精度的定位及识别功能，无需码头进行复杂的大规模基建改造，便可实现 24 小时不间断作业。

车队采用"打车"式经营方式，系统分析在线订单后，自主指派最优路线的 Q-Truck 进行作业，按照集装箱搬运数量计算费用。西井科技的这一商业模式在产品与客户之间建立起了最优线上连接，用 C 端化的运营模式为港口和码头数智化升级提供了全新选择。

值得一提的是，西井科技 Q-Truck 无人驾驶集卡车队落地哈利法港、助力哈利法港的数智化转型，也赢得了当地及国际媒体的广泛报道。阿布扎比港港口群负责人赛义夫·马兹鲁伊（Saif Al Mazrouei）曾在接受媒体采访时表示："西井科技 Q-Truck 无人驾驶集卡采用了人工智能、物联网和纯电动技术，这提高了港口运营效益和环境效益，进一步强化了哈利法港在中东海上运输的领先优势，是创新科技助力港口物流行业升级的一大典范。"

参建全球首个"智慧零碳"码头

2021 年 10 月，全球首个"智慧零碳"码头——天津港北疆港区 C 段智能化集装箱码头正式投产运营。作为参建单位之一，西井科技提供了相应方案，在天津港首先实现了港口无人驾驶方案的完整落地，从车辆调度管理系统和智能化无人驾驶车队交付，为客户提供整体化的港区无人集装箱水平运输能力。

据了解，本次西井科技交付的核心为自主研发的车辆调度管理系统和无人驾驶集装箱运输车 AIGT（AI Guide Transport），这一整套系统是西井科技基于国内自动化码头的创新项目，融入全新智能化导航定位、人工智能、视觉识别、自学习等先进技术，其智能车辆调度管理系统对接码头生产系统（TOS）、场桥／岸桥设备控制系统、智能水平运输设备，能够对全场无人驾驶设备统一调度管理，为单一车辆提供路径规划，配合 TOS 系统完成装卸船作业，做到低成本、高效率。

深耕 AI，服务上海智慧城市

人工智能是一个前期资金投入大、回款周期长的行业，往往一个项目成果需要几年的时间。谭黎敏在 2015 年创业前曾在全球第一大传播及市场集团 WPP、麦肯锡等企业负责企业战略及市场咨询业务，他也坦言，在市场洞察领域有 15 年的经验，但在创业领域却是"新兵"。

作为一家科创公司，西井在初期也面临着项目研发、资金等的压力。"得益于上海各级政府的暖心措施和良好的营商环境，为我们提供了人才、创业项目资助、租房补贴、税收减免等一揽子缓压扶持。"谭黎敏回忆，2018 年团队人员一下子猛增的时候，办公所在的区政府和街道人员，第一时间站出来帮他们协调办公区域，提供了额外两层楼的场所，解决了发展的燃眉之急。谭黎敏说道："'数字长宁'已经深入人心，长宁有关人工智能的政策也都很给力。"在区位优势下，谭黎敏带领着技术团队在上海这片沃土茁壮发展。

"目前，我们公司成员的平均年龄不到 30 岁，换句话说，90 后已经成为骨干。我当时在公司里写过一封公开信，邀请愿意向前一步的年轻人来承担一些重要的创新岗位的领头羊。我们企业内，AI 算法主管、AI 视觉主管都是 90 后。他们既有技术，又勇于承担，正是当下的青年英才力量。"谭黎敏也观察到目前中国很多科技公司从追赶者变成引领者。在他看来，更多行业中的青年人才应当把握机遇，勇于发展。"不要光把人工智能当成技术输出，我们更需要思考如何把人工智能运用到细分行业中，从行业端出发，融入产业、赋能升级，产生更大的价值。"

谈及未来的发展，谭黎敏表示，上海正建设国际航运中心，作为一家本土企业，西井会继续怀着浓厚的上海情怀为这片土地贡献自己的一份力量。另外，他还会把 AI 技术进一步运用到日常城运工作中去，比如对于垃圾分类的监管与清运。"在 2020 年第三届进博会中，公司为城运指挥中心提供了技术保障工作。接下来，公司会进一步运用 AI 技术，将发现、规划、决策、运输等各个节点，通过精准的算法连接起来，提高效能，深入智慧城市的毛细血管，为城市治理最后一公里努力。"

杨力佳／文　施剑平／图

人物名片

谭黎敏，西井科技创始人兼首席执行官、上海市青年创业英才、中国青年企业家协会第十二届会员、上海长宁区政协委员、上海长宁区工商联执委、上海市青年创业协会理事、上海市人工智能行业协会理事。2015 年创立西井科技，将其 15 年的市场洞察及商业形态拓展经验，投入人工智能的商业化进程中。

鲁正：让上海高楼"站"得更稳

　　从2000年到现在，我见证了上海的发展。这个城市的确变得越来越美好，学习土木专业，能够在美好城市的建设中贡献自己的一份力量，是一个互相成就的机会，所以我愿意继续待在上海，一直在上海这边做一些事情。

　　作为高校的青年老师，立德树人是第一位，教学一定要做好。同时为了把课教好，一定要做好科研，才能够把前沿的知识教授给学生。如何才能做好？选准一个自己感兴趣的方向，持之以恒地去做，一定是能够做出成绩。

他是能让摩天大楼牢牢站稳的青年科学家，也是从未放松过教学工作、在同学心中最受喜爱的班主任，他曾被评选为2020年度"上海市青年五四奖章标兵"。同济大学土木工程学院结构防灾减灾工程系80后教授鲁正觉得，要兼顾好教学与科研，一是要有情怀，二是要够专业。

抗震科研让摩天楼"站"稳

位于上海中心大厦第125层的"上海慧眼"艺术装置，底下有一枚阻尼器，在全身上下都充满高科技味的上海中心大厦里，这可是最亮眼的设置之一。强风来袭，摩天大楼会晃动，阻尼器可以削减高层晃动，帮助超高层建筑保持楼体稳定和安全。鲁正亲昵地称之为"阻尼器宝宝"。

让上海的高楼站得更稳当，是鲁正和他的团队一直在做的事。"包括做抗震审查，上海市100米以上的高层建筑都要进行抗震专项审查，环球金融中心、上海中心等这些都是我们进行审查的。"此外，就是对"阻尼器宝宝"的科学研发。

阻尼是一个物理学名词，指的是力的衰减和能量的耗散，有缓冲的意思。阻尼器在全球范围内是一项新技术，上海中心大厦首次采用了电涡流阻尼器，这也是我国的一项创新技术。

"说起结构防灾减灾，大家可能并不熟悉，没关系，我们可以先一起想象一个场景，如果你把一根筷子插在一块嫩豆腐上，然后用手轻轻碰一下这根筷子，会发生什么呢？你可能会说，筷子会摇晃、倾斜，甚至倒了。那么，如果这块嫩豆腐就是我们脚下的这一片上海市的软土地基，却想要在上面矗立起一幢632米高的摩天大楼，且需经受住台风、地震的侵袭，这能实现吗？这正是困扰主攻上海中心抗震设计的我们团队的难题。"

说起专业术语，鲁正也能让大家都听得懂，这得益于他多年任教的经验。"为了让大楼足够稳，我们日以继夜地开展了大量的计算、分析、实验等，最终成功研发了一台重1000吨的电涡流阻尼器。它可以极大减小结构在台风、地震作用下的晃动。它就是我们给大楼吃下的一颗定心丸。"据了解，通过阻尼器降低风致峰值加速度，降低的幅度超过43%，可以令大厦内90%的人能感受到较大的舒适度。

就好似老式钟摆，通过共振来帮助抗风，这是阻尼器的作用。而风和地震概念又不一样。"地震和风不一样，有很多个频率，充满不确定性，所以我们接着要做的就是既能抗风又能抗震，让这个宝宝的包容性尽可能更强，才能让建筑的安全系数更高。"

立志为人民铸就平安家园

1982年出生的鲁正是浙江绍兴人，自称是个"小镇青年"，镇上小桥流水，很少有高层建筑。2000年他第一次来到上海，对上海印象最深刻的就是满大街的高楼大厦，黄浦江上的座座桥梁。"很震撼！非常震撼！"这么高的楼，这么大的桥梁，怎么能够安全地矗立在这片城市土地上？他感到好奇，也让即将升入大学的他找到了方向。

"说到建筑，同济土木是第一块牌子。要见识大世面，想做点东西，选同济土木肯定没错。"鲁正小时候就对搭积木、拼装挺有兴趣，也梦想过亲手造房子。选择土木专业，他觉得和自己小时候的梦想很

匹配。高考时他的分数比专业录取分高了70分，进复旦交大都没问题，但他并没觉得遗憾，因为是自己想要的选择。"现在回头看看，当时遵循了自己内心的感性选择还是正确的。"他说。

土木底下的专业还分很多，为何做抗震防灾方向，鲁正说是受了自己的导师吕西林院士的影响。那是2008年汶川地震后，五百余万间倒塌的房屋吞噬了数万名同胞的生命。吕院士是国内建筑抗震界的专家，地震发生后第一时间他就主动请缨，奔赴灾区最危险的地方，去进行安全评估。"他个子很高，就看到他弓着身子往废墟里钻。"鲁正说，2008年时应急评估还没那么完善，都要靠这些老专家钻到一幢幢危楼、一个个地缝里去"望闻问切"，其实非常危险，责任也很大。

鲁正当时正在美国读博士，他从照片上看到自己的老师，至今，他仍记得自己尊敬的老师面无惧色，眼里只有现场。"我便更加深刻地理解了老师曾教导我们的'抗震防灾是公益性的事业，我们要有奉献精神'的教诲，从那一刻起，我暗下决心，要把自己的一生投入到国家防灾减灾事业之中。"也正是因为导师给予的触动，让鲁正决定要回国，沿着导师的路继续走下去，将防灾减灾的事业担起来，尽可能为人们铸就平安家园。

学生心目中"最喜爱老师"

博士毕业后，鲁正回到了同济留校任教，十余年砥砺前行，他入选了全球前2%顶尖科学家榜单，获得国家优秀青年科学基金。

比起个人的荣誉，让他更感到高兴的是，防灾减灾已经在全国落地生根。他所在的同济大学模拟地震振动台，已经为来自全国各地1500余项工程开展过抗震实验研究。"在上海见到的所有高楼、地铁、隧道、桥梁，都经过了严格的抗震设计。"

做工程师讲究的是"传承"，老师曾在国家危难之时挺身而出，将"工程报国"的理念传承于鲁正，作为一名青年教师，他也想将这样的理念传承给自己的学生。做了10年班主任，他被同学们评选为"我最喜爱的老师"，获评校院两级"优秀班主任"。

在鲁正办公室的书橱里，有几幅剪纸画，画中的他有的是讲台前抱臂的样子，有的是坐在钢琴前演奏的样子，还有可爱的软陶人像，这都是学生送给这位"最喜爱老师"的小礼物。能被学生认可，鲁正

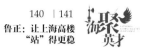
觉得诀窍在于和学生交流要真诚，要平等，他办公室的门永远对学生敞开。"教学从来不是我说一你说一，而是言传身教。"

鲁正为学校本科生开设的通识课一直是热门抢手课，从一个学期60人，逐渐增加到90人，最后到150人，次次爆满。法条很难讲，他会引导学生来问问题，让学生找案例讲给老师听，再互相讨论，这样的教学模式深受学生喜爱。

他积极将思政教育融入专业课程中，深入学生队伍讲述模拟振动台发展史，让这一主题团课在同济青年学子中口口相传，开设的中国大学网慕课选课人数超过2.2万人且评教优秀。"在教授学生技术的同时，必须坚持立德树人。"他说，学生赠送的画既是对他十年班主任生涯的高度认可，更在时刻激励自己，要将一代代同济土木学子培育成堪当民族复兴重任的栋梁之材。

刘晶晶／文　施培琦／图

人物名片

鲁正，同济大学土木工程学院结构防灾减灾工程系教授，曾当选2020年度"上海市青年五四奖章标兵"。

张彦：世界第一是我永远的追求

　　46米的驾驶室就是我的工作舞台，我每天都在享受在高空操纵机械的乐趣。港口行业的发展就是我们城市发展的一个缩影，从外高桥四期，到洋山深水港，各种科技和经济的发展都在我们港口建设上能够体现出来。我觉得上海的发展会越来越好，我也有信心为上海的发展多作贡献。

　　当代青年生在一个好时代，"两个一百年"的中国梦为青年的发展提供了很好的平台。希望有更多的青年和我一样，加入到港口的建设大军中来。在这个平台上可以学到技术知识，也可以磨练自己的意志，为国家的发展贡献自己的青春力量。

张彦是上港集团盛东公司的一名桥吊司机。这位出生于 1983 年
的当代中国码头工匠 10 年前就创造了桥吊单机作业每小时装卸 197
个集装箱的世界纪录，而且这个纪录至今无人能够撼动。张彦在这个
讲究"稳"和"快"的高空驾驶室里一干就是 15 年，从未发生过一
起安全事故，他还参与了众多技术革新，为洋山深水港的发展作出了
巨大贡献。

力求准度与速度，在 46 米高台创下世界纪录

位于洋山深水港的桥吊驾驶室，这个约 3 平方米的空间，距地面
46 米，相当于十五六楼的高度，下面是集装箱货船停靠的码头，远方是
一望无际的东海。风和日丽的天气，海面状况不错，但是桥吊的吊具仍
有肉眼可见的摆动。作为桥吊司机，张彦要做的是操作操纵杆，让晃动
的吊具精准对位到集装箱的四个箱孔，把船上的集装箱吊装到卡车上。

张彦说他的工作和"吊娃娃"有点相似，只不过他用的是高大无
比的桥吊，吊的是巨大且价值不菲的集装箱。而由于吊具总是处于摆
动的状态，张彦的"吊娃娃"，更像是用一根橡皮筋作为绳索去吊装，
克服这种不规律的摆动凭的完全是个人的经验。更何况，现在张彦他
们操作的桥吊一般都有两个吊具，一次可以抓取 4 个集装箱，这要在
各种不稳定中精准对位 16 个箱孔，这绝对是世界级的高难度挑战。

码头桥吊司机的基本素养是吊装不仅要稳，而且要快。对于像洋
山深水港如此繁忙的世界大港而言，桥吊司机的集装箱装卸速度也就
意味着效益。每艘货轮在码头装卸货物的时间都是事先定好的，如果
船在海上延误了几小时，那也就意味着装卸时间会减少几小时，这时

就是对桥吊司机技术水准和心理素质的巨大考验了。

普通桥吊司机一小时集装箱装卸量一般在 30 到 50 个之间，而 2011 年 6 月 16 日，张彦创下了桥吊单机作业每小时装卸 196 个集装箱的世界纪录。这个纪录 10 年来依然无人打破。

恪尽职守勇于突破创新，港口见证国家发展

张彦这个"桥吊状元"也不是天生的。2004 年张彦从上海交通职业技术学院机电一体化专业毕业后，到外高桥港工作。他的专业其实是进行港口设备的维护和修理，但到了港口却当了一名轮胎吊司机。虽然可以触类旁通，但毕竟当吊车司机和设备维护还有很大不同，张彦也是每天刻苦钻研，虚心学习，技术飞速成长。2005 年底洋山深水

港开港，张彦 2006 年被从外高桥调来支援，这次当了桥吊司机。轮胎吊只有十几米高，桥吊的高度几乎翻了三倍，操作上受环境影响更大，技术也更难，而张彦硬是通过不断攻坚，克服了重重困难，顺利地适应了新岗位。

在这方面，张彦的父亲一直是他的坚定支持者。张彦的父亲是宝山吴淞张华浜码头的一位职工，也是这个原因，张彦从小就是在港口忙碌的氛围里长大。

"父亲让我当一个港口人，就是因为他对这个国家，对上海的未来抱有希望。而在工作的十几年中，我亲眼见证了我们的港口越来越繁忙，国家越来越繁荣。我刚来的时候港口年吞吐量是 2000 万个集装箱，2020 年已经达到了 4450 万个。都说港口是一个国家经济发展的晴雨表，说得一点没有错。"也正是因为父亲和家人的支持，以及对国家和城市未来的信心，张彦一门心思做好码头工匠。作为桥吊司机团队的核心人物，他利用业余时间进修学习，进一步增强理论基础。同时带头组织司机提出合理化建议和措施，开展技术创新，破解操作技术瓶颈难题。

传授经验与技术，培养年轻一代港口工匠

在洋山深水港，一些区域已经实现了自动化，同时自动化机械的装卸速度也在不断提升。那么，未来桥吊司机这个岗位会不会被机器取代？张彦的答案是否定的。他说，机器虽然是精准的，但港口装卸的环境却是多变的，这没有办法通过计算机计算来解决。即便是自动化设备，现在在箱孔精准对位的环节依然需要人工控制，所以未来依

然需要技术一流的桥吊司机。

在对未来的这种准备研判下，张彦就开始思考，如何能将自己的技术教授给更多的青年桥吊司机，这也是他作为一名共产党员的责任所在。2011年上港集团盛东国际集装箱码头有限公司成立了以张彦名字命名的劳模创新工作室。这其实是一个汇集各个部分技术骨干的平台，大家在此交流经验，克难攻坚，研究技术创新。当然，这也是一个技术传承的平台。张彦告诉记者，现在他们公司每年还会招收三四十名青年港口工匠入职，他会尽自己所能对他们进行传帮带。在他的培养下，一些青年人进步很快，已经进入一流桥吊司机行列。

对于桥吊司机这个岗位，张彦说："世界第一速度是我永恒的追求。我将继续在码头一线工作岗位上，高标准、严要求，为祖国港口的发展作出应有的贡献。不管我们每个人选择什么岗位，我们可能都在做着平凡的事情。但只要我们把岗位上面任何平凡的小事做好，做到极致，平凡的岗位上一样能够做出不平凡的业绩，创造出彩的人生。"

郦亮／文　施培琦／图

人物名片

张彦，上海盛东国际集装箱码头有限公司桥吊司机，上海市青年联合会第十二届委员会副主席。党的十九大代表。

在桥吊司机的岗位上，张彦四次打破由自己创造的集装箱桥吊装卸作业效率世界纪录。2011年他创造的每小时装卸196个集装箱的世界纪录至今无人撼动。张彦还带领团队提出并参与"轮胎吊混合动力

改造""双吊具边卸边装"工艺等项目的众多技术攻关，仅"新型桥
吊节能操作方法"一项的推广应用，就为公司每年节省约 128 万元的
能源消耗。

张彦先后获得了"全国劳动模范""全国优秀共产党员""中国
青年五四奖章""全国交通部技术能手""上海市劳动模范""上海
市青年五四奖章"等荣誉，还编写了以自己名字命名的桥吊操作规范，
被全公司推广使用。

张金全：我的十年创业之路

  新一代青年律师，以对法律的信仰与传承，成为新时代有理想、有情怀、正能量的法治文化守护者。

初创律师的"第一张名片"

上海有其独特的城市品格，从东海之滨的小渔村，到国际化大都市，引领中国开放风气之先。开放、创新、包容已成为上海最鲜明的品格，作为东方的明珠，吸引着一代又一代万千奋斗青年汇聚于此。从高校老师转型为创业律师，这是张金全十年来不与人言的艰辛与奋斗。

1982 年，张金全出生于福建一个小山村，出身贫苦的他以优异的成绩考入南京大学法学专业，大学毕业后于南京师范大学任职。这是一份在别人眼中稳定安逸的"铁饭碗"。三年后，已任校办秘书的张金全，却在所有人疑惑的目光中放弃了高校工作，选择在五四青年节这一天，带着仅有的 2 万元积蓄，来到上海打拼，成为一名创业律师。

"上海有更广阔的发展空间，更多的选择机遇。"张金全说，回想起最初创业的几年，往事历历在目。当被问及从业 12 年印象最为深刻的案例，张金全没有提起多年来经办的颇具影响力的大案要案，而是讲起了他的"第一张名片"的故事。

2008 年，刚成为助理律师的张金全，为了节省生活成本，每天加班到凌晨后，乘坐公交车再转摩的回到租住地。一次，摩的司机刚送他到家门口，张金全发现还缺一元零钱，便递给对方一张名片："我送你一份礼物，这是我的名片。你可以拥有一个律师朋友。"对方看张金全态度诚恳，欣然接受。

几天后，张金全接到了摩的师傅妻子的电话。原来，摩的师傅出

了交通事故，他的妻子从他衣服口袋里找到了张金全的名片。于是，张金全的第一个代理案件就这样拿到了。成功赢得赔偿款后，张金全到病房探望师傅，看到师傅全家生活贫苦，他说："这笔代理费，我只收一半，剩下的你们补贴家用。"

专业的态度、执着的精神、艰苦的奋斗，张金全在律师行业飞速发展。2016 年初，34 岁的他以权益合伙人的身份加入了中国顶级律师事务所中伦律师事务所上海办公室，创下了该所权益合伙人最年轻的记录，持续为中国宝武集团、中国平安集团、泰国正大集团、韩国 SK 集团、恒大集团、美银美林、上海市浦东新区人民政府等多家国内外知名企业与政府机构提供法律服务。

专业与拼劲，让张金全在奋斗的路上留下了多个"第一"的印记：以律师身份入选市委组织部、市人社局、团市委共同发起的"上海市青年拔尖人才开发计划"的第一人，中伦律师事务所最年轻的权益合伙人，并在全国业内首创青年律师形象宣传片《律动浦江》……

行则将至，为梦发声

"人才拔尖，不仅是专业领先，行业创新，更是敢为天下先的精神和情怀。"在 2017 年进行的上海市青年拔尖人才开发计划评选环节，张金全的一番话打动了评委。他也用实际行动践行法律初心，持续向南京大学、复旦大学及上海市青少年发展基金会等捐赠教育发展基金；新冠肺炎疫情期间，与青年律师们紧急捐款捐物，并同上海百名资深律师组成服务团，为本市初创企业提供免费法律咨询，与企业共渡难关，为上海营商环境的深化发展贡献法律力量。

"理想高歌奔腾的浦江，心比飞翔的天高，雨雪风霜。初心未忘苍茫的浦江，梦比坚持的还长，黑暗光明。依然我在路上。出发再次出发，那些法律谱写的神圣，那些法律传承的人生。"2016 年，时任上海市浦东新区律师青年联合会主席的张金全为全国业内首创的青年律师之歌——《律动浦江》填词，是青年律师初心与理想的真实写照。

2019 年起，张金全担任上海市青联副主席，是青联法律界别开展国家宪法宣传日系列活动、基层立法联系点创新研讨、浦东青联议政咨询会、陆家嘴法治论坛、长三角青年创新学院等活动的主要参创人。

青年律师是法律职业共同体的一部分，更要有法律信仰和法治担

当。5月28日，十三届全国人大三次会议表决通过了《中华人民共和国民法典》。《中华人民共和国民法典》创造性地单设人格权编，彰显了对个人人格的尊重与保护；将数据、网络虚拟财产纳入保护范围，体现了鲜明的时代特征；融入生态文明理念，顺应了可持续发展的要求，在张金全看来，立法有人民性，是立法的最高思想："我们法律人一直在积极推动基层立法联系点的机制创新，正是顺应新时代的立法理念，让法律变得更加普惠。"

在首届上海创新创业青年50人论坛上，张金全作为论坛发言人，向百万线上听众传递着他对创新的理解，对创业的热爱。"创新是行业进步的灵魂，创业是困境中的拼搏者。"

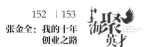

在上海这座城市的日升月落中，像张金全一样，怀着理想闯荡上海的青年们，依然在时代的滚滚洪流中努力前行。

陈晓颖／文　受访者／图

人物名片

张金全，现任北京市中伦（上海）律师事务所权益合伙人、上海市青年联合会第十二届副主席、共青团上海市浦东新区第六届委员会副书记（兼职）。曾获全国五一劳动奖章、上海市青年五四奖章，被评为上海市劳动模范、上海市优秀共产党员、上海市青年拔尖人才、上海市司法行政工作先进个人，获得上海市浦东新区十大杰出青年律师等称号。

杨少华：在沪高歌"真我的风采"

  上海作为国际金融中心，金融要素非常多，对于年轻人来说机会非常多。上海引才聚才的氛围很好，你只要踏实又能干，就会把你推到更重要的岗位让你施展才华。

  年轻人选择金融行业一定要牢记，要有自己的使命感。金融的本质是资金融通，要把为实体经济服务作为出发点和落脚点，更好满足人民群众和实体经济多样化的金融需求。

2005 年，来自河南的 80 后杨少华通过公开招聘，入职上海证券交易所。15 年后，她已经在上海落地生根。杨少华说，上海作为国际金融中心，提供了太多像她这样的年轻人展现自己才华的舞台，这座城市对于人才的吸引力越来越大。

多次参与股票市场重大改革项目

"在上海15年，感到上海整个城市非常开放、包容、进取、合作。"杨少华 1981 年出生于河南北部的小县城，读书时候就是个学霸，16 岁考入中央财经大学，23 岁毕业于清华大学五道口金融学院，获金融硕士学位。由于所学的专业是证券投资，2005 年，杨少华通过公开招聘加入了上海证券交易所。

当时中国股市正经历一项资本市场里程碑式的股权分置改革，初入职场的杨少华进入交易所首先在上市公司部工作，第一时间就参与到这个改革中。

让杨少华至今记忆很深的一件事是，她初期在负责上市工作部一些股权分置专项信息统计工作，每天要汇总很多数据，有天晚上有个统计数据搞错了，她非常紧张，不过部门领导对年轻人很包容，安慰了初入职场的杨少华，并及时纠正了错误。杨少华暗自下决心，她要在工作中更加细致踏实。

靠着自己的勤奋努力，杨少华在上海不断圆着"金融梦"，逐步走向了重要岗位。2007 年，杨少华加入发行上市小组，负责 IPO 和再融资的发行上市业务运行性相关工作。2008 年上海证券交易所成立了发行上市部，从事企业上市培育、交易所市场推广等企业发行上

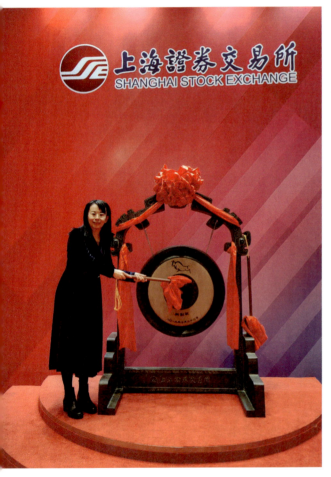

市服务工作，又给了她展示才华的舞台。

"在上海这个国际金融中心，对于年轻人而言，就是边工作边学习、边学习边工作的过程，特别是我从事的证券行业一直需要创新改革，赋予青年人难得的历史机遇。"杨少华说，2018年她非常有幸参与到上海科创板工作中。她和她的团队负责的是科创板股票发行承销制度的研究和建设，承受了巨大的工作压力。要知道科创板新股发行承销制度，是落实以信息披露为核心的证券发行注册制，将企业定价权真正交给市场的关键一环。2018年11月起，她和她的团队加班加点，深入研究，在2个月内提出了市场化发行承销业务方案，随后又反复打磨，积极沟通，3个月内制定了两项基础业务规则。

杨少华说："从现有规则梳理、历史经验总结、境外制度借鉴、机制研究设计到开板形势预判、风险预案应对，我和我的团队小伙伴们在上交所北塔 6 楼那间不大的办公室反复推敲。"终于等到 2019年 7 月 22 日首批 25 家科创板公司上市，杨少华看到了其参与的新股市场化定价改革在科创板顺利破题。

上海还将不断吸引年轻人才

杨少华 2004 年第一次来上海，是去浦东花木找她的一位朋友。"我当时觉得花木那边很偏很远，整个陆家嘴还是比较空旷的。记得只有金茂大厦，既没有环球金融中心也没有上海中心。"这几年来，她也见证了整个上海快速发展：陆家嘴高楼林立，上海在建设国际金融中心过程中吸引了众多的金融机构落地，此外，像她这样的年轻金融人才在上海不断集聚。

"外地来的年轻人是非常容易融入上海这个城市的。"杨少华如今已经在花木置办了房子，在上海落地生根。在她的工作单位上海证券交易所，大量来自全国各地的年轻人汇聚在一起。"我刚来的时候上海证券交易所只有七八百家上市公司，现在已经翻倍了，有 1600 多家，上海证券交易所员工也从四五百人，到如今的 2000多人。"

杨少华会经常去上海本地的一些金融机构走访调研，听听市场主要的参与者有什么想法，通过沟通和反馈，也能了解上海的一些企业的发展。"上海企业发展都很规范的，创新意识强，我觉得上海整个金融环境氛围很好，这也是上海能够不断吸引人才的最重要的一点。"

吴缵超／文　常鑫／图

人物名片

杨少华，上海证券交易所发行上市服务中心副总经理，负责主板、科创板股票发行承销相关工作。多次参与股票市场重大改革项目，获得过"上海市青年五四奖章标兵"，上交所青年标兵、先进员工、优秀共产党员等荣誉称号。

韩雨卿：创业就像"升级打怪"

创业中可能铺满荆棘，但也可能遇到鲜花，更有可能的是荆棘和鲜花不断交替。不管顺境还是逆境，都要有一颗平常心。相信自己的力量，相信我们创业者正在创造未来。

尽管创业才两年多的时间，韩雨卿成绩斐然：她是上海熵观信息科技有限公司、上海旷觉信息科技有限公司、上海少卿白鞘医疗科技有限公司三家公司的创始人，且每家公司都有着不错的业绩。

这位 1989 年出生的创始人长着一张小小的瓜子脸，笑起来甜甜的，生活中却有着爱折腾、敢尝试、不怕输的坚韧性格。"创业就像升级打怪，永远有更难的关卡等着你，但是每解决一个问题，就越接近目标。"韩雨卿说，很享受这个创业过程，更感恩于上海技术、人才、金融环境的优势，让她距离梦想越来越近。

实现从 0 到 1 的跨越

为什么会选择创业？韩雨卿说："一直对创业有着浓浓的兴趣，所以从本科开始就做创业相关研究，了解创业者，探索创业的故事。"上海大学本科毕业后，她进入上海交通大学安泰经济与管理学院硕博连读。在博士阶段，她出国学习了一年半，回国之后她便开启了创业之路。

"爱折腾、敢尝试、不怕输"，是烙刻在韩雨卿身上的创业基因。"我原本就从事创业研究，这是我的研究领域，后来正好遇到一个加入创业团队的契机，我很想知道自己过去的方法论与创业实践的距离。"

2018 年，韩雨卿和伙伴创立了上海熵观信息科技有限公司，这是一家专门从事医疗影像人工智能的高科技公司。韩雨卿告诉记者，公司产品结合人工智能、图像分析等技术，对 CT、MRI 等医疗图像进行分析，为医生提供术前规划方案。"我们通过为医生提供强大的多维病理评估技术，帮助医生做出高效、准确的诊断方案。"韩雨卿说。

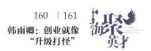

　　"我们是专门做医疗行业的人工智能团队。"她举例介绍说，熵观的心电图监测，对住院患者的几项身体体征有预警，能够帮助医生对病患进行身体监测，实时跟踪病患的身体状况；其术前规划方案，可以让医生和病人直观地看到病人的病变情况，比如医生可以在术前了解到病人血管的狭窄、堵塞情况。这样可以帮助医生在手术前增加预判，降低术中风险。

　　如今，从事医疗行业的创业公司不在少数，主要分为三类公司。第一种是搭建平台，将医疗资源嫁接到平台上；第二种是诊断类项目，用人工智能的方式，代替医院进行诊断；第三种正是熵观所在的类型，不会直接为用户诊断，而是通过多维分析为医生提供更多有效的可视化信息，降低误诊率。

技术研发是关键，韩雨卿与三个朋友一起，从想法着手，一步步开展研究。创业的第一步一旦迈出，接下来就是不断的积累和磨合。在韩雨卿看来，从最初的设想到创业，跨出第一步，少不了前期大量的积累和准备，创业才能从"0"变成"1"。

爱折腾不怕输的女博士生

说到当初为什么会选择和医疗相关的领域创业时，韩雨卿的回答是：医疗产业或者说是大健康产业，迎来黄金发展十年，尤其是疫情背景下，国产医疗器械行业更是加速发展，而国产替代与集采大势所趋也是鼓励了我国的医疗器械产品的创新研发。不仅如此，这个行业和每个人息息相关。

韩雨卿坦言，目前有超过1千万的肿瘤患者，增长率占全球20%。"我国大部分地区的医疗资源稀缺，80%～90%的肿瘤疾病未能在早期发现，有些患者被误诊漏诊，耽误了病情。"韩雨卿决定，研发一项能帮助医生迅速准确诊断患者病灶的技术，即便是不适宜用造影剂的特殊人群，也能快速得到准确的治疗方案，提升医疗水平。

但是，医疗行业同时也是一个准入门槛很高的行业。项目的回报周期非常长，必须要获得医疗器械证，也要进入社保报销范围，需要完成这些步骤，在很长一段时间投入非常大，却看不到现实意义上的"回报"。但是，韩雨卿仍充满信心，她相信机会往往伴随着挑战。

2020年新冠疫情发生后，韩雨卿的创业思路再次调整。当年3月，

她和小伙伴们成立了第三家企业——上海少卿白鞘医疗科技有限公司。前期作为一家口罩制造企业，如今正在转型多产品线医疗器械产品及康养产品。成立半年，公司销售额超过 1000 万。创业的同时，韩雨卿也心系着全球疫情，疫情期间公司向全世界无偿捐赠口罩超 50 万只。

以不放弃的准则走好每一步

在韩雨卿看来，产品的核心竞争力之一便是服务，一个好的产品一定能服务于人，给人的生命和生活赋能才是最大最核心的价值。如何通过技术和创新，真正开发出实用的、可以给人带来安全感、幸福感的产品，才是价值所在，这也是她和团队未来努力的方向。而韩雨卿也愿意带领团队，脚踏实地解决实际中遇到的问题。

在做学术时，韩雨卿研究了数百名创业者，当时她认为创业是有"方法论"的，创业者只要遵循一定的"规则"，是可以避免失败的。而当她真正开始创业的时候，却发现远远没有那么简单。"不轻易放弃"，是韩雨卿的创业准则，小错误和暂时"不顺"是用来更好地让自己的思路和公司的发展不断改进的。有时候，只要再坚持几天或者是几周，问题可能就会迎刃而解。不论何时都不慌张、不气馁，这样创业的小船才能行稳致远。

"有舍才有得。"创业是一个遇到困难、解决困难的过程，并且它一直在循环往复，只能是专注、专注、再专注。

"创业者遇到困难首先要学会与自己和平共处。"韩雨卿在创业过程中也经常自我怀疑。刚开始，坚信自己的判断和决策是最优的，后来发现"正确"不等同于"最优"，开始会考虑自己当初的想法是否正确。而现在，她则认为，"最优"很难真正实现，更多的是在权衡中选出"较优"。

所有的努力都不会被辜负。2018年，她拿下了上海市"创青春"创新创业大赛的创业组冠军、全国"创青春"创新创业大赛优胜奖，并获得高新技术企业认证；荣获了2019"上海市青年创业英才"称号；获得了2020"上海市女性创业大赛"的冠军……

展望将来，韩雨卿说，她和小伙伴们依然会按照自己的目标坚定地走下去。

顾金华／文　受访者／图

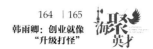

人物名片

韩雨卿，上海大学管理学院学士，瑞典延雪平国际商学院（JIBS）交换生，上海交通大学安泰经济与管理学院硕博连读；其中 2016-2018 年作为美国爱荷华大学、加拿大维多利亚大学访问学者。曾获 2018 年"创青春"上海市青年创新创业大赛冠军、2018 年"创青春"全国青年创新创业大赛优胜奖、2019 年上海市青年创业英才等奖项，2020 上海市女性创业大赛冠军。

目前是上海熵观信息科技有限公司、上海旷觉信息科技有限公司、上海少卿白鞘医疗科技有限公司的创始人。

陈海慈：把论文写在
热火朝天的临港工地上

　　习近平总书记对临港新片区五个重要要求的第一条就是"集聚海内外人才开展国际创新协同的重要基地"。上海这座城市的一大特点就是包容，她向每一位追求成功梦想的人张开双臂。今天，临港新片区已然成为上海乃至全国改革开放的热土，我相信这份伟大的事业中也孕育着个人成长的巨大机遇，我们欢迎更多的青年才俊来临港施展他们的才华。临港将继续出台更有力的人才政策汇聚海内外英才。大城召能士，临港需要你，选择临港就是选择成功。

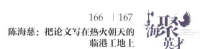

带着论文在临港"一张蓝图干到底"

时间拉回到 1996 年，那一年，来自江西的陈海慈，考入了同济大学城市规划专业，来到了上海。大学毕业后，他进入同济城市规划设计研究院三所当设计师。所里每年都评奖，他做的项目，年年获奖，三年时间内从三等奖升到了一等奖。但陈海慈不满足，他希望自己设计的项目能够得到实施，要把论文写在工地上，于是他去了临港集团。

在临港，他真正感受到了"一张蓝图干到底"的热火朝天。"上海再也不会有一个地方能像临港这样开发了！"他终于找到了一个可以让他施展抱负的地方。

临港离世界最近，离市区却很远。那时他住在杨浦区，每天坐隧道四线换班车到临港，路上单程就要 2 小时。

陈海慈坦言，临港的开发实在是太快了，"五年一个轮回"，所有的项目都不是一帆风顺的，有时往往会推翻重做，当时的内心是崩

溃的。从临港集团规划发展部业务主管到总监助理，陈海慈用了八年。

2011年以后，临港增加了房建开发业务，相关设计部门应运而生，主打"都市语境下的工业建筑"，这是陈海慈的强项。

接到英雄金笔厂项目时，陈海慈还是感受到了肩上的分量。"上海英雄金笔厂的珍贵之处在于，它是中国首个'国'字号、至今依旧在发展的轻工企业，代表着我国自来水笔制造这一民族工业从无到有、从小到大的发展历程，其工业遗存具有重要的时代意义。"

2019年底，更新后的英雄金笔厂旧址作为国家级科创合作项目——中以（上海）创新园的载体正式开园。

项目对整体保留建筑实施"修旧如旧"的复杂设计和改造工程，

从空中俯瞰，成片厂房焕然一新的同时，也形成了保有苏联风格、别墅式的独栋办公区域，为小规模的商业零售提供空间，增加了街区活力。同时，随着中以（上海）创新园的入驻，曾经的轻工业厂房建筑被重构为人流如织的"双创"孵化集散地，形成彼此相连的人流动线，为地块内办公、商业、公共空间注入更丰富的体验、更厚重的底蕴。该项目最终在众多项目中脱颖而出，斩获诸多国际国内奖项，其中包括美国国家建筑奖。那天，很少发朋友圈的陈海慈，发了条朋友圈——这是中国建筑设计师的骄傲。

带领青年投身上海重大活动建设

除了担任临港集团设计管理部总监和数字创新部总监外，陈海慈还有另一个身份：临港集团团委书记。在他的带领下，集团系统青年主动对接国家战略，服务上海发展，积极投身临港新片区的建设，集团系统青年团队获得了"全国青年文明号""上海市五四红旗团委""上海市五四红旗团支部标兵""上海市青年文明号"等多项荣誉，集团系统涌现出一批批优秀青年人才。

他结合集团发展实际，将临港集团"家国文化"的企业文化融入青年工作中，为广大青年搭建人才发展平台，牵头设立"临港集团杰出青年"奖项，为企业发展注入青春动力。

在志愿服务方面，陈海慈带领单位内青年小伙伴与上海重大活动并肩同行。在世界顶尖科学家论坛中，近百名青年志愿者加入会务协调组、新闻媒体组和科学家助手组，投身顶级科学盛会；在第二届进博会上，优秀青年志愿者投身商务外事保障组工作，出色表现获得市商委肯定。此外，他还带领众多青年员工加入"上海临港公益志愿者服务队"，走出上海，为贵州遵义、山东临沂等地提供支教志愿服务。

郭颖／文　周紫薇／图

人物名片

陈海慈，临港集团团委书记、设计管理部总监、数字创新部总监，上海市工业区开发总公司总规划师，世界顶尖科学家论坛指挥部副指挥长兼副总经理，负责集团设计管理业务及集团数字化转型、数字园区相关工作。多次负责临港集团在临港新片区及市域片区重大建设项目，形成临港六大产品线，推进集团数字园区平台搭建，获得过"临港新片区优秀建设者"，集团家国文化践行先锋，先进工作者等荣誉称号，所带团队获得过上海市总工会授予的"工人先锋号"荣誉称号，集团特设首批创新工作室"海慈工作室"。

王智超：留美归来，我依然选择上海

　　疾病从来没有停止过向人类进攻，而医者创新的脚步也从未停止。但是，医学创新是在大量实验积累的基础上，每取得一个小小的进步都非常不容易；但是即便是一个小小的进步，都可以帮助到无数患者，所以我们一直走在创新的路上。

　　他获得过很多荣誉称号：上海市青年拔尖人才、上海市青年科技启明星、上海市教委"晨光计划"等人才项目……但这位 1989 年出生的大男孩说，这些都是过去，医学攻关永远在路上。

　　帮助患者更好地战胜疾病、重返社会，这是医者的责任与担当。上海交通大学医学院附属第九人民医院（以下简称为"九院"）整复外科王智超医师说，在上海这座城市，他正实现着自己的这个医学梦想。

在上海，实现自己的医学梦想

　　见到王智超医师是在初冬的上午。与人们心目中"冷冷"的外科医生形象有些不同，王智超医师爽朗的笑容，整个人散发着暖暖的气息。但看似随性洒脱的背后，却潜藏着常人无法比拟的坚韧。

　　"父母都是医生，小时候常跟着父母在医院转，觉得治病救人很神圣。后来念高中成绩在年级名列前茅，高考时家人说'就学医吧'，就这样来到了上海学医。"

　　2007 年，王智超来到复旦大学上海医学院临床医学系进行八年制本硕博连读。八年的医学生涯让他愈加发现医学专业的博大精深，也越发陷入其中。作为一名临床医师，如何开展高水平的临床研究，提供高质量的循证医学证据，更好地治疗疾病服务患者，一定是未来临床医学发展的方向。带着这个梦想，2015 年王智超前往美国约翰霍普金斯大学，就读公共卫生学硕士，聚焦临床试验与生物统计的学习。2018 年，王智超来到九院工作。

　　在很多人眼里，整复外科专业就是医学美容，其实不然。整形修复不仅在治疗疾病，同时也要考虑到容貌对全身健康产生不同程度的

影响。治愈疾病更要治愈心灵。

在九院整复外科，有着很多Ⅰ型神经纤维瘤病患者前来就诊。这是神经纤维上发生的一种肿瘤，是一种先天性、进行性且经常导致毁容和功能障碍的罕见常染色体显性遗传病。在新生儿中发病率约为1/3000。该病症状在儿童早期开始，严重程度变化很大，可使预期寿命减少多达15年。

罕见病意味着可治疗的手段极其有限。出国深造的王智超切身体会到，在欧美国家医学发展迅速。在美国，针对该罕见病的一款孤儿药已经进入临床研究，使用这款药物可使大多数患儿的神经纤维瘤显著缩小。

"迫不及待想回到国内，迫不及待地想把这款药物也用于国内患者！"王智超的想法非常坚定，选择从医，就希望能更好地造福患者；

选择回上海，他觉得可以在这里实现自己的医学梦想。

在医院和科室的支持下，在导师李青峰教授的帮助下，九院作为牵头单位的临床试验申请通过了国家药监局等多个部门的严格审批。好消息终于传来，这款药物于 2021 年在九院开展临床试验，这意味着国内患者也很快能用上这款神经纤维瘤病的孤儿药。"时间上，可能比国外还是晚了一年，但已取得了巨大进步。"这个进步让王智超医师异常兴奋，他觉得这正是一种上海速度，让中国的罕见病患者通过上海这一窗口，获得全球最新的治疗方案，关注弱势群体，共享发展红利，是一种上海眼界，是一种上海胸怀。

在上海，医疗创新在路上

2020 年 5 月，一位正值 20 岁花季的少女患者小雪（化名）特地从外地来到导师李青峰教授的专家门诊。这是一位面部长巨大神经纤维瘤的 I 型神经纤维瘤病。十多年来的左侧面部的神经纤维瘤逐渐生长，严重影响了小雪的面部容貌，并开始逐渐影响她的听力。

此类手术因为风险高，最怕出现术中大出血。这会危及患者生命。手术难度大、风险高，王智超医师跟着导师李青峰教授经过前期全院会诊，融入最新的医疗诊治方案，在 7 月 7 日为小雪做了手术。经十余小时手术时长，成功切下小雪面颈部的巨大瘤体，完整切除了整个恶变的神经纤维瘤，并重建了小雪的基本面部形态。

术后，小雪满怀感激地说："我第一次觉得头这么轻松，感谢你们为我摘除了头上的炸弹。"

"像 I 型神经纤维瘤病这样的患者，他们是社会的弱势群体，帮助他们更好地战胜疾病，重返社会，享受本该属于他们的幸福人生，是医者的责任与担当。"除了引进药物外，王智超医师还在和团队一起致力于神经纤维瘤病的手术及综合治疗，并大力推动神经纤维瘤治疗新方法、新药物的研发、转化和上市工作。

"医学是没有地界的，在上海，能时刻感受到一种浓浓的创新精神。"王智超说，这座城市医学的学科建设和服务标准等方面都让他印象深刻，也与他的价值观契合。

宽容、创新、卓越、奉献……是九院整复外科的科训，王智超医师也一直以此来鞭策自己。一路在上海跟随名师研读，王智超医师说，"特别幸运"，但是这种幸运背后的努力不言而喻。

在整复外科的诊疗中，并没有唯一和最佳的方案，要根据患者的实际情况，制定最切实可行的治疗方案。王智超医师说，不仅是要治好病，更是一个对功能美观的协调。而他，愿意把自己的时间省下来耐心与病人沟通。

顾金华／文　常鑫／图

人物名片

王智超，上海交通大学医学院附属第九人民医院整复外科主治医师，复旦大学临床医学博士，美国约翰霍普金斯大学公共卫生学院 MPH 毕业，研究成果发表于整复外科领域顶级杂志，主持多项国家级、省部级科研项目，擅长神经纤维瘤病及先天性巨痣的综合诊疗，面颈部创伤及瘢痕的修复重建等领域。

兼收并蓄
推陈出新

王珮瑜：如果那年没来到上海，
不见得有现在的王珮瑜

过去说学戏在北京，唱戏在天津，赚钱赚口碑在上海，现在依我来看，没有那么简单。上海是一种生态，这里有最好的老师、最好的土壤、最好的观众。而上海是海纳百川、包容并蓄的。如果那年不能来到上海，不见得有现在的王珮瑜。

　　"王珮瑜原来是苏州人啊，我一直以为她是上海人。她和上海简直融为一体了。"一个喜爱王珮瑜的朋友对记者说。从某种意义上来说，王珮瑜是一位典型的"海聚英才"。这位苏州女子14岁来到上海，因罕见的坤生天赋被上海戏校破格录取，在名师合力精心培养下，逐渐成为当今梨园第一女老生。"如果那年不能来到上海，不见得有现在的王珮瑜。"王珮瑜说，她感恩上海的培养和包容，所以现在她也在尝试着普及和传承海派京剧，以回馈这座城市。

被上海戏校修改招生简章破格录取

　　王珮瑜出生在京剧氛围并不那么浓重的苏州。20世纪八九十年代，京剧式微，苏州京剧团已经解散，但因为外公和舅舅都是资深京剧票友，她还是接触了京剧，并一听即被击中，从此一发而不可收。这时王珮瑜不过12岁。

　　王珮瑜启蒙时最初学的是老旦，后来听从原苏州京剧团头牌老生范石人的建议转学老生。京剧里有"乾旦坤生"之说，也就是男的唱女的，女的唱男的，王珮瑜就是一个十分难得的女老生。

　　1991年上海戏曲学校招生，王珮瑜当即报考。"虽然当时我对上海全没有现在这样了解，但我确实从小对上海充满了无限的向往。因为上海可以求得名师，也有好的艺术生态。"但是问题来了，1949年后，中国的戏曲院校培养人才都是男的演男角，女的演女角，几乎没有培养过女老生。要招王珮瑜，上海戏校就必须修改招生简章。此事一度让戏校和主管部门上海文化局很纠结。

　　不过上海毕竟是海纳百川、包容并蓄的上海。一番慎重考虑之后，

上海戏校还是决定破格录取王珮瑜。这一点至今让王珮瑜感佩不已。
她总说，如果那年不能来到上海，不见得有现在的王珮瑜。

入职会议上收到院长送的《莎士比亚全集》

初到上海读书的王珮瑜 14 岁，对于京剧演员学戏来说也不算小

了。上海对王珮瑜视若珍宝，学校专门研究了王珮瑜的培养计划，请来中国最好的老师专门教授。

王珮瑜坦言，女老生的演员要求面容姣好，还要嗓音独特。长得不好挂不了髯口，也勒不了头，嗓音不好又唱不出老生的感觉。所以女老生的好苗子确实十分难得。既然好不容易把王珮瑜招进来了，上海戏校对她的培养也就格外精心。当时的老师王思及等人的悉心教诲让王珮瑜终身难忘。1994年京剧表演艺术家王梦云担任了上海戏校的校长，她对王珮瑜的培养和成长也十分关心。"学校对我很严格，平时不能去外面搭台唱戏，寒暑假也不能闲着到外面去结交来路不明的朋友，还要继续学习。到后来，王校长甚至睡在我的宿舍里看着我。"

　　对王珮瑜而言，受到了上海精心培养，毕业之后进入上海京剧院而留在上海，也就成了很自然的事。"上海是我的第二故乡，我要回馈上海。"王珮瑜说。2001 年作为上海第一批京剧专业大学生的一分子，王珮瑜入职上海京剧院。彼时史依弘、李军和严庆谷这一批演员比王珮瑜大十多岁，都是上海京剧院的中坚力量。而王珮瑜等青年一代演员的加入，对上海京剧院来说也是十分重大的事情。王珮瑜还记得当年院里还专门召开了一个欢迎会，会上当时的院长林宏鸣给每个新人发了一套《莎士比亚全集》。"这就是很上海的做法了。"王珮瑜说，"林院长就想告诉我们，京剧不仅是中国戏曲，也是属于世界戏剧的大范畴。要当好京剧演员，就必须汲取世界各国戏剧的精髓。"

"上海是我的第二故乡，我要回馈上海"

　　至今王珮瑜已经成为上海的一张文化名片，但她打心底里感激上海。"过去说学戏在北京，唱戏在天津，赚钱、赚口碑在上海，现在依我来看，没有那么简单。上海是一种生态，这里有最好的老师、最好的土壤、最好的观众。"而上海京剧院也被王珮瑜视为自己的第二个学校。她说自己是一个不安分的人，喜欢做许多有个性的事情，是京剧院一路见证、扶持了自己的成长。

　　受上海将近 30 年滋养的王珮瑜决心回馈这座城市。王珮瑜宗的是余派老生，开派宗师余叔岩一生中很多精力都在传承他的老师谭鑫培的艺术，而他所教的学生大多是身边的高级票友、文人和知识分子，这些人大多只是自己喜好，很少上台演，这就导致其实观众们很难看到余派老生的戏，也影响了文化的传承。这几年，王佩瑜传承上主要在做的就是发掘和恢复一些余派老戏，突破原先余派艺术的局面。此外，王珮瑜做得最多的就是向青年人普及京剧艺术。"这方面又得感谢上海的包容。有人说我上综艺是离经叛道。其实确实我通过上综艺吸引了不少青年人走近京剧，这背后还是有很多积极的因素的。当然，也正因为在上海，我可以做这么多的尝试。"

郦亮／文　受访者／图

人物名片

王珮瑜，出生于江苏苏州，京剧演员，研究生学历。现任上海京剧院国家一级演员，上海市青年联合会第十二届委员会副主席。1992年王珮瑜考入上海市戏曲学校专攻老生行当。1994年起王珮瑜分别在"新苗杯""宝钢杯""梨园杯""蓝岛杯"四项全国少儿京剧大赛中获得一等奖。1999年考入上海师范大学表演艺术学院。2001年毕业后进入上海京剧院工作，同年获得CCTV全国青年京剧演员电视大赛最佳表演奖（老生组）。获得第十三届上海白玉兰戏剧表演艺术"主角奖"。2011年获得第二十五届"中国戏剧奖·梅花表演奖"。2018年当选为上海市第十五届人民代表大会代表，同年获得"全国向上向善好青年"称号。

陈磊："知识网红"的创业路

　　上海有很多吸引我在此发展的因素。上海是前沿的大都市，会遇到前沿文化的碰撞。我们作为文化传播领域的从业者，这些都是刚需。此外，上海十分便利。方圆十里内可以找到你创业所需的所有元素。这都是十分关键且吸引我在此深耕、发展的因素。

《新冠疫苗要不要打？》《30 秒看懂啥是个税年度汇算！》《好端端的，怎么就脱发了？》……在陈磊创办的"混知"公众号上，一篇篇标题醒目、内容扎实的漫画图文将专业深奥的知识内容以诙谐幽默、通俗易懂的形式向公众传播。从业余做历史漫画科普的"斜杠青年"，到用漫画展现历史、汽车、时政的"知识网红"，再到组建团队正式创业的"新锐创客"，80 后陈磊在上海就业、创业，以历史、健康、教育、财经系列漫画矩阵与诙谐幽默的形式带领受众开心学知识。

斜杠青年

本科学习机械设计，研究生攻读工业设计，毕业后来到上海，在大众集团成为汽车设计师。这一条发展道路看似和陈磊当下从事的漫画科普毫不相关，但在这段历程中，陈磊却用"斜杠青年"的经历，为创业之路埋下了种子。

"我一直喜欢画画。"还在读书阶段的陈磊在上课、上自习时，总会提起笔来画出部分形象。至于为何会涉足历史漫画，陈磊觉得要归因于高考。高考结束后，有一款多重任务、精良细节的电脑游戏激发了他对历史的兴趣，这一真实模拟二战历史的游戏让他沉迷其中。在"通关"的路上，他对不少历史细节产生了好奇，索性翻开历史书解答心中疑惑。当在书中找到与游戏串联的细节时，陈磊内心油然而生一种成就感。

"以前背很多遍历史都记不住，但因某一事件不断向前溯源，反倒串联起人物、年代、细节，看清这段历史的来龙去脉，就不觉得历

史枯燥了。"陈磊对二战产生兴趣后,又向前学习了一战历史。经过
一番探索的陈磊逐渐将这样学习历史的方式延续到本硕读书阶段。

从高校毕业后,陈磊出于对上海的喜爱,选择在大众集团就职。"在
大公司上班,每个人的工作是固定的。我的业余时间比较多,可以写
写画画。"业余时间坚持画画和看历史书的他产生了分享知识的念头。
为何不把书中的历史通过搞笑漫画的形式创新讲述出来?陈磊在业余
时间通过历史漫画创作的方式,在网络和年轻人分享历史、科学、文
化知识。

2012 年,陈磊以 @ 二混子—Stone 的微博,开始分享起原创四格
漫画。通过微博对外推出后,陈磊发现这些漫画还挺受欢迎。笔耕不
辍的陈磊就这样持续做着"斜杠青年"。2014 年,陈磊在微博上发布《那
个你不太熟悉的孔老夫子》后意外发现,当天这条转发量就超过了 600
次。"之前内容转发量大多没过百。没想到这组孔子故事漫画这么受欢
迎。"当时陈磊感受到了历史知识普及的受众市场。2014 年开始,他
把作品也发布在微信公众号"混子曰"上,每天新增粉丝数量近 9000 人。

知识网红

这位爱画画、爱读书的青年,在发展个人爱好上始终没有停步。
平台的粉丝也在他的原创内容维护下,保持着用户黏性。2015 年 3 月,
陈磊以一篇《你不爱读书,这不怪你》的推文,首次尝试时政、科学
漫画内容。这一条吸引了无数读者的关注。在涉猎科普后,陈磊逐渐
发现不少人对一事物知其然但不知其所以然。在屠呦呦成为中国首位
诺贝尔医学奖获得者后的一周,陈磊咨询专家、查资料、写文案、请

专业人士审核，推出了一篇《屠呦呦对疟原虫干了什么？》的漫画文章。
没过多久，80 万次的阅读量让他再一次感受到枯燥无聊的知识也可以
受到这么多受众的关注。

　　经过一年半的时间，陈磊利用业余时间推出的公众号已经积累
了数十万粉丝，商业广告的收入也逐渐超过他一年本职工作的薪资。
2015 年 8 月，陈磊选择辞职创业，做起全职知识博主。慢慢的，公众
号内容延展到汽车、金融、医疗等不同领域，团队也随之扩大。

　　"之前看到过'知识网红'的点评，其实不管是褒义还是贬义，
在我们团队看来，'知识网红'背后证明着历史、健康、金融知识都
在以受众欢迎的形式得到进一步的传播。"

在趣味漫画科普的路上，陈磊和团队成员一直蓄力前行。从涉及各学科领域的《半小时漫画》系列，到 2021 年年初，陈磊与张文宏教授合作推出的《漫画病菌、人类与历史》，混知"漫画版图"逐渐扩展。2020 年 10 月，团队聚焦教育领域，正式推出的《混知漫画·小学必备诗词》一书，通过每句诗词一幅漫画与诗词延伸历史漫画的形式，涉足学龄期青少年教育。

新锐创客

"在我准备创业时，招了两位忠实的读者，这两位兄弟和我并肩创业至今。"陈磊在决定创业后，不仅获得了融资支持，还通过微信"后台"收获了初创团队成员。从 3 人团队到 10 人团队，"混知"队伍在不断壮大。发展 6 年来，上海混知文化传播有限公司已完成三轮融资，业务范围也开拓至出版物、音频课程、动画、文创 IP 开发等领域。

如今团队规模已达 70 余人的混知文化公司还设有研究院，研究院作为团队的"最强大脑"，学习攻坚最艰深的知识内容，并重点跟随大家关注的动态，快速推出准确的科普内容。在新冠肺炎疫情发生后，团队先后创作了《新型冠状病毒来了，你还不了解它吗？》《疫苗，还要等多久？》《企业返工指南：不要给病毒任何机会！》等科普作品，线上科普漫画文章的形式缓解部分受众的焦虑感。

创作不停步，创业不停歇。在文化行业这条路上，陈磊带领团队以优良的内容，解锁创业长青的密码。

陈晓颖 / 文　施培琦 / 图

人物名片

陈磊，上海混知文化传播有限公司董事长。通过创办"混知"公众号，将专业深奥的知识内容，以诙谐幽默、通俗易懂的形式，向公众传播，提高和普及国民通识教育及科学素养。曾获得过 2020 年"上海市青年五四奖章标兵"、2019"中国青年好网民"、2019 亚洲书店论坛年度最热门漫画作者。身兼全国青联委员、上海市青联委员、中国青少年新媒体协会理事、上海市嘉定区新的阶层人士联谊会常务副会长等诸多社会职务。

周欢：让年轻人爱上国产品牌

　　上海是一个很适合年轻人创新创业的地方。它的科技创新氛围很好，科技产业也在逐步走向规模化，公共服务平台也比较完善，有良好的政策扶持，办公效率能大幅度提高。这里人才济济，汇集了世界各地的优秀人才。希望年轻创业者可以有更多深入交流的平台，开拓视野，拓宽思路。

他想让年轻人爱上国产品牌，让世界认可中国品牌，他不着急做大企业规模，坚信品牌塑造可以靠产品说话。花上创始人周欢如何克服创业路上的艰难困苦，让我们一起来聆听他的创业故事。

让年轻人爱上国产品牌，让世界认可中国品牌

周欢还是自由设计师时，受邀前往 HUSUM（德国胡苏姆市）参加国际艺术节，在那里找到了契合他所追求的自由、品质、唯美生活理念的灵感。于是 2015 年，他决定自创国际化轻奢品牌花上（HUSUM），以自身科技研发的沉淀融合美学感悟，向所有人传递"感受生活美学"的理念。

"我们这代人想买好的产品时发现国产品牌没得买，只好买进口的，我觉得我们应该要有一些创业者做高端品牌。"周欢表示，"我们希望改善 3 亿年轻人的个人护理计划，让世界爱上中国品牌。"周欢与他的团队决定成为轻奢购物开创者，打造轻奢购物品牌，提高国产品牌的认可度。据了解，花上科技目前已经拥有 cyclone tech 声波气旋等近百项专利技术，2017 年荣获国家高新技术企业认证，花上科技多款系列产品均荣获红星、德国红点、德国 IF 等世界大奖。

万事开头难，若是方向错了，创业路会更艰难。周欢最初就明白，若是不懂产品就开始做品牌，一定会很难。于是创业前五年，他踏踏实实从工厂做起，更好地了解产品，对产品的构造和生产有了良好认知，为他后续的创业道路打牢坚实基础。也正是在那个时期，关于如何做好产品，如何做好一个品牌，如何走正确的创业路，周欢也沉淀了一些自己的想法。

在直接面对消费者的领域创业，大家看得到、摸得着、用得到，创业压力自然不小，困难也不少。周欢表示虽然前两年难免受到疫情影响，尤其散布在全国各地的供应商供应点受到较大影响，但是他对品牌塑造很有信心，坚信靠产品说话是站得稳立得住的。

"我们是本着一种工匠精神，把产品做到极致"，在周欢看来，产品做得好，消费者会自发地口口相传，逐渐形成良好的口碑，这样才会有品牌。专心做好产品，做好服务，自然会引发用户共鸣，也自然而然地就赢得了消费者的青睐。

敢于创新，敢于突破，敢于成为先驱

公司创办与发展短短几年间，周欢就多次斩获诸如上海科技青年企业家创新奖、上海市青年创新创业大赛二等奖、德国红点设计大奖等奖项，一步步带领花上打造国产品牌的国际影响力。花上科技自首款产品上线以来，持续引爆国产电动牙刷市场。

不忘初心、工匠精神、不断创新，周欢用这三个关键词总结了自己在上海创业的心路历程。

让全世界认可中国品牌，这是他创办"花上"的初心。"正是这样的初心让我不管在创业路上遇到什么困难都能坚定地走下去。"周欢说道。干一行，爱一行，专一行，精一行，坚持不懈，精益求精，这是他对自己和企业的要求。此外，周欢还说："小到产品，大到战略统筹，我们都不能一成不变，固步自封。要勇于创新，敢于突破，敢于成为先驱。"

创业路上，周欢一直带领团队勇敢突破，做一些颠覆性的事情。

例如出于环保的考虑，花上早在苹果公司之前就在售卖电动牙刷时不送适配器，花上是唯一一个冲牙器产品还没做出来就被行业邀请去制定标准的单位。

对于科技企业来说，一直保持创新的劲头是一件不那么容易的事情。"我们是文化创新加上科技创新，倡导科技加美学，科技是排在第一位的。"周欢始终看重产品，认为无论采用什么样的策略，最终都一定要落到产品质量上来，所以他不着急做大企业规模，他希望团队花更多的心思和精力研发，把产品和品牌当孩子一样去养护和爱护。

"没有技术，没有好的产品，一切都免谈，一个品牌若销量、口碑俱佳，决定因素一定不在营销手段或依赖人口红利，而是回归产品

本身，掌控核心技术，注重用户体验。"周欢说道。

此外，周欢表示，一个良好的环境和平台对于创业者来说至关重要。在上海这座城市，他以自由、品质、唯美生活方式的理念创业有诸多优势。上海海纳百川、兼容并蓄的多元文化环境让不同的生活方式和生活理念在这里生根发芽。这座城市年轻并且充满活力，对新鲜事物的理解度和接受度都很高。此外，上海是长三角一体化发展的核心城市，能够更快辐射长三角城市乃至全国。

让世界爱上中国品牌，这是周欢和他的团队创办花上的终极目标，这群年轻人未来想把花上打造成为一个优秀的品牌管理公司，目前还在为之努力奋斗着。

刘秦春／文　施培琦／图

人物名片

周欢，上海驻净电子科技有限公司董事长兼总经理，上海市松江区政协委员，中国青年创业导师，2019年获"创青春"全国赛互联网成长组银奖，2017年获"创青春"上海赛消费升级和文化创意单元赛二等奖，2017年获上海市青年创业英才，上海市青年创业协会理事，上海市青年企业家协会会员，世界级各项设计界大奖获得者。

陈华滨：青年人创业要有信仰

　　首先，业务再忙都不要忘记跟你的最开始的小伙伴、合伙人和高管团队保持交流。其次，环境会有很大变化，要花很多时间去交流，去加入青年群体，多学习。再者，创业过程中的对手非常重要，如果你有一个伟大的竞争对手，那么你大概率会有伟大的胜利。最后，不要苦大仇深地创业，而是要快快乐乐地创业，结果是水到渠成的。如果失败了又能怎么样呢？毕竟过程是快乐的。

他抛却学生时代的荣耀，不提当年勇，带着年轻人敢拼敢闯的劲儿在上海创业打拼，他坚定地说青年人创业要有自己的信仰，他带领团队做正确的事情，因为他欣喜地看到员工眼里有光。让我们一同走近陈华滨，了解这位优秀的创业青年。

勇敢选择出发，相信会满载而归

陈华滨是广东潮汕人，小时候在海边长大，他发现尽管出海前并不知鱼儿会在哪儿，水手们还是会选择出发，因为他们相信自己会满载而归。

和大多数创业者一样，陈华滨喜欢折腾，喜欢探索，喜欢乐观地看待这个世界。还在校读书任学生会主席时，陈华滨就有了自己的第一个创业项目——校园巴士。由于学校面积较大，校内交通尚缺便利，他就和同学一起利用 QQ 空间和校内网制作了校内巴士平台，帮学校巴士降低成本，该创业项目也得到了校学生工作处的支持，目前校内巴士项目还在运转，从最初的一条线路增长到六条。最终，该创业项目被无偿地卖给了学校。

让陈华滨下定决心要创业的契机是一次师生间的问答交流。2015年在中欧念书时，陈华滨问当时一位研究商业业态的教授："您觉得中国还有什么是极度落后于美国的？"教授的回答令他感到意外，教授说中国的连锁业态还比较落后，而这就意味着有巨大的发展空间，要创业的念头紧跟着跳了出来。

"创业的话我能做些什么呢？"陈华滨开始思考自己的创业方向，他自身是个对吃非常有研究的美食家，再加上他想做一个讲究标准化的项目品牌，又要考虑到企业的发展空间，于是就有了"汤先生"。

2015年，广东小伙陈华滨辞职，离开国有上市公司的核心岗位来到上海，那时他还人生地不熟，创立了主打养生汤品的"汤先生"品牌。他还记得在上海见第一场雪那天，他做了200份汤，但是只卖出去2份，剩下198份都要倒掉，每倒掉一份，学数学的陈华滨"心里都在滴血"。那天外面下着雪，他把门一关，手机播放着《海阔天空》，默默地洗碗，"当时显得自己贼惨"，这就是他开第一家店时的场景。

后来经过不懈努力，慢慢有了第二家店第三家店，公司业务也越做越大。"自己生的孩子、自己养的孩子、自己赋能的孩子"，陈华滨把自己创业在做的事情归结为三类：第一类就是自主研发的品牌"汤先生"，在公司业务占比70%，第二类就是投资的品牌，占比10%，第三类则是赋能的品牌，占比20%。

对于创业公司来说，每一个"孩子"要养大都十分不易。"汤先生"作为一个餐饮品牌，如何做到标准化就是一大难题。学数学出身的陈华滨想到一个办法，在工厂时就把所有食材进行称量，这样两杯同样的雪梨汤差距最多在3克，差距就变得可控了，也可在一定程度上实现产品的标准化。

要成功赋能一个"孩子"也有诸多艰难之处，据了解，赞思通过互联网加大数据运营模式为腰部品牌提供前、中后台全链路服务，前台通过线上代运营提升流量变现效率，通过信息化仓储管理、损耗在线管理，帮助耶里夏丽品牌实现30%的成本节约。

"需要从餐饮出品方面赋能，还是后厨动线赋能，还是门店操作系统赋能？"陈华滨表示，针对不同的"小孩"，都要个性化的解决方案，

　　例如他们所有的信息化系统操作界面都不那么美观，"因为那不是给老板看的，而是给门店员工看的"，简单易懂可操作性强。

　　后来陈华滨用 4 年多的时间让品牌覆盖度从上海扩大到全国超过 20 个城市，团队也从 3 人发展到数百人，业务从单一产品业务做到新零售电商，再到互联网的深度数据运营，推动数字化在餐饮行业的深度应用。

"创业永远要有自己的信仰"

　　如果有机会和过去的自己对话，陈华滨说他可能告诉自己："创业会比你想象的更困难，更复杂，也更孤独。但不管这个世界怎么变，你还是有自己的战略定义。作为创始人，只有你越坚定，所有的困难才会为你让路。"

回想初来乍到的情景，陈华滨说有些孤单，因为在这座城市还没有亲戚和朋友，好在后来他找到了组织，加入了团市委组织的"英才班"，找到了一群志同道合的小伙伴，时不时聚会头脑风暴，共同攻克难题，"聚会可以不到场，但是讨论问题的时候要建言献策"。后来陈华滨总是告诉别人，"我是团组织培养出来的创业者"。

"信心比金子重要"，参与 2020 年上海市创新创业青年 50 人论坛后，陈华滨对这句话印象最为深刻。虽然经历过业绩翻番却遭遇疫情的挫折，他依旧坚定地说，创业永远要有自己的信仰。

在专注公司自身发展的过程中，陈华滨也一直带着团队做公益，践行社会责任，"让员工知道企业在做正确的事情"。

抗疫期间，陈华滨观察后发现，抗疫工作者每天都要长时间工作，饮食非常不规律，很难吃上一口热饭。于是他组织员工把热腾腾的外卖送到抗疫一线工作者的手中。"我当时仔细地观察了团队在打包出品的状态，他们眼里都是有光的，因为他们知道自己在做一件正确的事情。"陈华滨说。

创业以来，陈华滨最大的感悟是青年创业者要理解、尊重和深耕产业，尊重客观规律，再去想如何改变世界。

他说创业不像攀岩，不是比谁坚持得久、比谁更苦就能够胜利的，创业更像冲浪，首先要保持平衡，只有身心平衡、家庭工作平衡你才能在浪板上站好。其次就像冲浪需要平台，创业需要社交，需要学习和交流的机会，让平台承载你的梦想。再者就是一定要有浪，什么是浪呢？就是我们要抬头看路，不要闭门造车，要印证自己所做的事情对于产业来讲是有价值的，对于社会的发展来说是有价值的。

刘秦春／文　施培琦／图

人物名片

陈华滨，现任上海赞思餐饮管理有限公司董事长，中国青年创业导师，曾获 2020 年上海市青年创业英才称号，2019 年"创青春"上海赛综合成长组一等奖。

陈运文：打造"会撰写"的
人工智能产品

　　文字这个东西，越做越有意思。达观数据立足上海，目前已将公司产品推广到全国各个省市。我们预计在自贸区环境中将企业做大做强，成为上海人工智能大数据企业的一面旗帜。在智能文本的世界里，创新创造永无止境。

"任意摘取一段新闻，人工智能平台就能根据语意、词性拆解。仅需要按一键，就可以智能生成 300 字、600 字、800 字的文章。我们正在通过人工智能，让数据多跑路。"在位于张江的达而观信息科技（上海）有限公司办公室，陈运文用一个简单的示例介绍着他所运维的文本智能处理事业 。从 2015 年创办企业，到如今为百余家知名企业、单位提供人工智能支持，把银行、证券从业者从繁杂报表归纳中"解脱"出来，陈运文用基础人工智能技术，在张江扎根，在上海成长，用智能文本算法为新时代需求赋能。

突破技术壁垒 开拓文本智能应用场景

　　中文语意结构、文字理解场景较为复杂，想要做好中文的人工智能识别，可不是一件容易的事。在人工智能算法领域，要实现计算机会"读书"、会"写文章"，需要用文字处理领域的特定算法"教"会计算机"识文断字"。

　　"我们的目标就是通过计算机处理，将人们从日常繁琐的文字工作中解放出来，完成更多脑力工作。"纸上得来终觉浅，陈运文以自己的名字为例生动解释了这一"教学法"的实际应用——他先让计算机熟读百家姓，当计算机再次识别到"陈"字时，就知道"陈"可能是一个姓。通过持续"喂食"大量中文文本，计算机结合统计学方法检索匹配到人名搭配的词语，最终将"陈运文"三个汉字识别为一个名字。陈运文说："古人常说'读书破万卷，下笔如有神'，我们发现，这句话对计算机非常适用。"听起来简单的"字词句段篇"学习方法，实际上需要极强的技术支持。

陈运文正是此项技术领域的深耕者。自复旦大学计算机专业博士毕业后，陈运文就进入科技网络公司百度。2010 年因对研发新项目的浓厚兴趣选择加入盛大创新院，带领技术团队研究新的领域——文本智能处理。5 年后，觉得时机成熟的陈运文决定带领团队独立创业，公司地址定于盛大创新院的所在地——张江。

创业路上，技术难题易攻，市场接受度这一难题却较难突破。在大数据概念兴起之初，陈运文便留意到部分企业缺少数据处理经验，无法有效解码数据信息，也无法在生产经营过程中应用数据。银行、证券、法律等都是文本密集的行业，招股说明书、债券募集说明书或者合同，处理这些规则明确的文本，枯燥又耗费时间。"文本智能自动化的产品进入企业，让其协助员工工作，既能减轻员工负担，又能提高企业效率。""技术咖"与"创业者"并存的陈运文在创业初期就将目标瞄准 B 端市场，多年创业经历印证，这条路选对了。

延展智能办公，让人工智能"多跑路"

汉字的演变，形成许多约定俗成的用法，让计算机去理解中文背后博大精深的意义绝非易事，必须有更多技术支持。陈运文希望能够将自主研发的中文资料自动化处理技术应用到更广泛的领域，服务更多人。

在训练人工智能更智能的过程中，团队通过"感知—决策—执行"的链条，不断应用最前沿的人工智能研究成果，形成自然语言处理技术、光学字符识别、知识图谱和机器人流程自动化四大能力。如今拥

有文本智能办公机器人完整产品线的达观数据，靠着实打实的技术支撑在 2018 年获得我国人工智能领域含金量极高的"吴文俊人工智能科学技术奖"，2021 年获得工信部专精特新小巨人企业。

让所有企业都拥有自己的智能办公机器人——这一企业愿景已在征途。如今，达观已为中国银行、深交所等几百家企业提供语义理解人工智能产品。

2020 年疫情防控期间，陈运文还带领公司紧急开发了防疫问卷机器人、材料预审机器人、数据填报机器人、数据查询机器人，用人工智能手段助力企业人员每日健康信息的自动化采集、汇总、记录与报送，帮助各大企业复工复产。

注重人才培养 500 人团队持续优化人工智能技术

达观数据从注册成立之日起就定位在张江。在自贸区，大学生创业基金会浦东分基金会的支持、自贸区宽松的创业环境及鼓励企业创新创业的机制，为公司人才培养提供了极大便利。目前，公司已与北京大学、复旦大学、上海交通大学、上海财经大学等高校建立文本挖掘联合研究实验室和产学研合作，让更多青年优质苗子可以在学中练，在项目中提升人工智能应用水平。

重视人才培养是一家科技型企业发展的重要一环。"公司最核心、最宝贵的资产就是员工，尤其是尖端的工程师。"陈运文介绍，工程师团队主要由来自腾讯、盛大、百度、阿里等知名企业高管和技术专家组成。技术积累深厚的团队申请了百余项发明专利。"创业初期，也有候选员工看到我们是初创企业，犹豫再三后选择其他大型公司的offer。"每次陈运文遇到"好苗子"，都无比惜才。有次在得知一位候选人放弃选择达观后，他通过电话与候选人多聊了一会，谈技术、谈人工智能未来发展。"陈总，我决定加入你们。"这位员工最终选择为梦想创业，也成为陪伴达观数据成长的核心骨干，共同在人工智能专业技术领域深耕发展。

如今已有 500 人左右规模的达观，在自主开发钻研自然语言处理（NLP）、光学字符识别（OCR）、知识图谱等前沿技术方面持续突破。

陈运文时常感叹："文字这个东西，越做越有意思。"谈到未来，他坦言达观数据仍需努力——"我们立足上海，目前已将公司产品推

广到全国各个省市。我们预计在自贸区环境中将企业做大做强，成为
上海人工智能大数据企业的一面旗帜。"

陈晓颖／文　吴恺／图

人物名片

陈运文，达而观信息科技（上海）有限公司创始人、董事长，复
旦大学计算机专业博士，主攻计算机阅读理解文字板块，曾获"中国
青年创业奖""创新创业好青年""上海市青年五四奖章"、"浦东
十大杰出青年"、上海市优秀技术带头人等称号。

吴晓龙：为留学生创造一个温暖的"家"

　　如果让我总结自己创业的心路历程，我觉得就是要不断地推翻自己。正是不断推翻自己，才能够让自己保持顽强的生命力，以及继续发展下去的动力。

　　吴晓龙是哥伦比亚大学中国学联主席、地球与环境工程学院博士在读三年级学生，同时他也是"海星伴"的创始人兼CEO。1992年出生的吴晓龙有着自己的理想，做好自己科研学习的同时，为所有漂泊在外的留学生搭建一个全方位的社交平台，通过这个平台可以满足中国留学生在安全、学习、生活和心理等各方面的需求，更能让他们找到一个温暖的"家"。

逆境中成长　无论在哪都记挂海外学子

　　五年前，吴晓龙本科毕业后，怀揣着诸多梦想前往纽约哥伦比亚大学继续攻读硕士和博士学位，自此加入了留学生这支庞大的队伍。

　　初来乍到，吴晓龙坦言也曾面临着种种不适应：完全陌生的环境，交流、饮食或多或少存在着问题。不过，善于不断突破自我的他很快适应了这个全新的环境。与此同时，天生有着强大凝聚力的吴晓龙，被推选为哥伦比亚大学学联主席。

　　2020年，对于吴晓龙等所有海外留学生而言，是最特别而又煎熬的一年。当吴晓龙还沉浸在实验室时，新冠肺炎疫情突袭。疫情在美国暴发之初，吴晓龙已购置了一批防疫物品，第一时间联系到未能回国的留学生，为大家送去口罩，后来接连为学生发放来自领事馆分发的口罩、消毒液、手套等防疫物资的健康包。随着海外疫情的加剧，大量航班的取消导致防疫物资紧缺，让留在国外的中国留学生感到忧心。

　　几个月后，吴晓龙回到了国内，这时国内疫情迅速得到控制，但

是国外疫情仍在蔓延。作为学联主席的吴晓龙觉得身上有一种责任，必须为滞留在外的留学生继续提供口罩等防疫物品，以及及时的心理慰问。

吴晓龙再次为学生发放了领事馆的第二批健康包。"收到家乡寄来的健康包，虽远在异乡，可觉得祖国就在身边。"收到口罩的那一刻，许多同学都哭了。

与此同时，吴晓龙通过网络，一直在鼓励同学们：虽然学校已经停课，但不能耽误学业；做好自身防护，保持好的心态，一切都会过去。

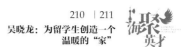

在这场与新冠肺炎病毒的战役中，吴晓龙觉得自己迅速成长了，他也深刻地意识到留学生需要一个平台获得支持和帮助。

创业梦启程　在沪创办留学生社交平台

回国后的吴晓龙经常会思考这些问题：留学生在异国他乡如何获取支持和帮助？如何调整自己的情绪以及心态？……是不是可以有这样一个专属的社交平台，可以快速便捷地让留学生找到这些问题的答案。眼下疫情仍然没有完全得到控制，这样的一个留学生社交平台是不是可以发挥更大的作用？

对于很多创业者来说，自己开始创业是很容易的，但找到志同道合的兄弟一起合伙，却又很难。关于这点，吴晓龙觉得自己的运气不错，他得到了四位小伙伴的支持。

在新冠肺炎疫情暴发初期，合伙人之一张圣夏，通过网络募集到了一批口罩，随后找到了作为学联主席的吴晓龙，希望能将这些口罩及时送到需要的留学生手中。这次偶然的交集，让对方发现彼此的想法和目标竟是如此一致，两人一拍即合。

至于另外两位小伙伴，吴晓龙用了"互补"这个词。四人有足够的想法和行动力，却又可以弥补对方的不足。还有重要的一点，四人都深深喜欢着上海这座城市，一致决定将创业地址选择在上海。

"上海是一个非常有活力的城市，有很多年轻人汇聚在这里，大家的想法在这里碰撞并融合。"吴晓龙在上海读本科期间，看到国内外很多大公司都会把总部或者研发部门选址选在上海。来自不同学校不同专业的学生，在上海都可以找到发挥自己能力的一个平台，同时也有助于青年人学以致用。

在推出留学生社交平台后,吴晓龙希望将来留学生们能在"海星伴"这个平台上汇聚到一起。"海星有 5 个触角,寓意五大洲、五湖四海。它是一种非常有生命力的动物,如果其中一根触角断了,它可以自然让其生长并很快恢复到之前的模样。"吴晓龙介绍,取名为"海星伴"是希望留学生之间可以互相陪伴,而这个社交平台同样也能够时刻陪伴在他们身边。不管遇到怎样的困难,都能通过自身和平台共同努力,最终达成自己的目标,并且帮助到更多其他的留学生们。

顾金华／文　常鑫／图

人物名片

吴晓龙,哥伦比亚大学地球与环境工程在读博士,主要科研方向为空气中二氧化碳的捕集。上海可镂信息科技有限公司 CEO,"海星伴"社交平台创始人。

王道雨：让康复训练变得有趣

　　选择一个能为社会创造价值的事业，充分投入，深度耕耘，一定会有收获。

卓道医疗是国内从事高端康复机器人和智能康复软硬件研发、生产、销售的上海市高新技术企业，已研发十余款全球技术领先的康复机器人。

切水果、打地鼠、开心农场……这些日常的小游戏如今出现在了康复训练的机器上，患者们通过"升级打怪"的闯关模式逐步提升等级，在游戏的同时就可以慢慢提高自己的康复能力。在全国超过450家医院里，都能见到来自卓道医疗的这些康复机器人，它们在健美的外表下还藏着有趣的灵魂。

三十而立"创青春"，勇于探索"康复梦"

2006年，王道雨来到上海理工大学攻读医疗器械工程专业，今年已经是他扎根上海的第16个年头。6年前，一个高端康复梦想在王道雨心中萌生，即使当时康复器械大多依赖进口，王道雨和医疗器械专业的几名毕业生依然选择了"开新局"，自主创新创业，希望为康复器械的"中国智造"增添更多强底气和硬实力。

这个与浦东开发开放同龄的90后，快速聚集了行业内从事相关研发、医疗器械注册、质量管理、工程工艺等各个维度国内顶尖的专业人才。如今，王道雨正带领着一群平均年龄只有27岁的年轻人，在张江的热土上实现人生梦想和"康复"梦想。他们致力于将"重复性、高强度、任务导向、激发患者主动参与"等康复医学理论，融入机器人辅助技术和智能交互技术，结合深度探索的交互应用场景，让原本乏味的康复训练变得有趣。

2020年，王道雨带领卓道医疗在461个报名创业项目中崭露头角，凭借在康复领域的深厚积累、行业内的出色表现，以及超凡的创新力，最终夺得了"创青春"上海青年创新创业大赛一等奖。这一年，王道雨恰好"三十而立"，他也带着团队在上海站稳了脚跟。

创业以来，王道雨看着团队的人数从个到十，再从十到如今的上百，工作场地也从最初合租的小小格子间，到现在包含生产制造中心在内的五千余平方米的现代化办公区域。在王道雨看来，公司的快速发展离不开上海为引才、聚才提供的良好创业环境。

对王道雨来说，在上海创业最吸引他的四个要素是开放、包容、规则和进取。"对于新想法和新尝试，上海为我们提供了国内最好的舞台之一，也给了我们机会去试错。同时，也能让大家心无旁骛地在规则下做正确的事。上海有属于上海的骄傲，所以，在这里的人也有着非常强烈的进取心。这是上海最吸引我的四个要素。"

为社会创造价值，将康复机器人烙印"中国智造"

"我们的数字化不只是以工程为背景，而是基于我们所擅长的医工融合的基因来为行业提供专业化的解决方案。"随着对医疗行业的理解越深，王道雨把卓道定位在为这个行业进行数字化升级上，"我们计划让这些陆续上线的产品，未来能为整个科室提供一套自动化的解决方案"。

然而，这样一套完整的解决方案可能都不及一台进口的设备售价高。"效果更好，成本更低。"和动辄三五百万一台的进口设备相比，卓道康复机器人的优势不仅仅是能调动起患者的主动性，也在于它们的高性价比。

　　"也就是说，我们不再需要花几百万购买一台进口的'景观'。"最让王道雨自豪的是，通过康复医院实际运用的反馈，当卓道的设备和进口设备放在一起时，很多患者更乐意使用"中国智造"。有患者表示："从前孙女喜欢玩的游戏，现在成为了我的最爱。助力模式下还能修正训练路径，大大提高了我的康复质量。"

　　拥有全球首款实现肩部复合体五自由度设计的机械动力外骨骼结构的 Nimbot 外骨骼上肢机器人、获得国内同类产品中首个第二类医疗器械注册证的 ArmGuider 上肢康复训练系统、作为中国临床上首款实现髋膝全自由度训练的创新医疗器械 SmartSling 下肢康复训练系统……以及 SmartColor 多感觉反馈电子插板和 APTable 智能磨砂板等智慧 OT 产品也打破了传统康复思维，将智慧赋予现代康复。在产品线上，卓道通过持续创新，已研发十余款全球技术领先的康复机器人。

　　此外，在已上市销售产品的基础上，卓道正在研发包括三维上肢康复训练机器人、上肢精细动作训练机器人、踝足康复机器人、卧式踏步训练系统、平衡训练系统、感知与认知训练系统等在内的智能康复医疗器械的产品矩阵。

　　"我经常跑临床，会看到我们开发的设备帮助患者恢复健康，这就是我们创业的初心。所以，我们花大量的精力去把产品做好，去理解什么样的东西才能真正帮助患者。"虽然有人认为，王道雨选择的康复医疗在科技领域不是一个耀眼的赛道，但他更关注的是，这个行业能不能为社会创造价值。

　　"从这两方面来看，这是一个值得长期深耕的行业，适合我们年轻的团队用耐心来推动它往前走。"王道雨认为，康复医疗在养老和家庭端一定会有更大的需求空间，"现在大家愿意花钱去健身，以后他们就会愿意花钱让自己维持正常的生活"。

"俯下身、埋下头、沉下心，依靠机器人辅助和智能交互技术，将医工融合融入底层基医，持续服务康复医学。"王道雨表示，卓道将不断通过科技的力量为挑战性的康复医学问题提供创新型解决方案，帮助人类维持身体机能，帮助患者恢复健康，回归社会，提高生命质量。

"我们践行着'卓越之道，创新不止'，将康复机器人烙印'中国智造'，把科研创新书写在临床一线。"如今，卓道医疗已成为康复行业的"标杆"企业，但在王道雨看来，踏踏实实做产品依然是根植在他和团队心底的理念。他希望，始终把满足用户需求当作企业的立身之本，坚持康复机器人领域的"高标准"，坚守初心践行"康复梦"。

蔡娴／文　吴恺／图

人物名片

王道雨，上海卓道医疗科技有限公司创始人兼 CEO，上海市青年创业英才，上海理工大学企业硕士生导师，曾获 2020 年"创青春"上海赛医疗大健康单元赛一等奖。

袁雯娜：化作微光
照亮"花蕾"成长之路

　　我希望家庭和整个社会都给予青少年群体更多的关注，尤其要注意的是，青少年茁壮成长不仅仅需要物质上的养分，也需要精神上的养分。希望更多人加入，护航青少年成长。

袁雯娜用自己十六年的青春年华实践助人为乐的初心与使命，从初出茅庐的小丫头成长为奉贤区启贤青少年社会工作服务中心的总负责人。她说自己是一粒微光，照亮服务对象心中的希望，助人者亦在自助，她在成长路上遇见无数个"他们"，而后与之携手前行，愿粒粒微光终汇聚成浩瀚星海。

化作爱的微光　照亮他人前路

2005 年，性格活泼开朗、待人真挚热情的袁雯娜从"象牙塔"步入社会，当她的同学都还在衡量工作薪酬、岗位福利的时候，她毅然决然地选择追随本心，成为一名司法社工。

满怀青春热忱的袁雯娜热爱公益，助人为乐是她不变的初心。"我就觉得如果能把帮助他人当作一份事业来做的话，是一件很有意义、很有价值、很酷的事情。"没想到自那以后，她把自己十六年的青春年华都奉献给了这份她此生认定了的"终身职业"。

"当时大家对这个职业普遍还不太了解，导致我们经常吃闭门羹，被大家误解，有时候甚至还会挨骂……"作为一名司法社工，要帮助吸毒人员戒断毒品，这对于刚毕业的小姑娘袁雯娜来说极具挑战性。她还记得自己第一次面谈前的手忙脚乱，她向前辈们请教了许多专业知识和面谈技巧，做足了功课，却还是有些没把握，但她依旧鼓起勇气敲开了服务对象的门。

敲开门后，袁雯娜看到了一个"瘦瘦的、小小的、黑黑的"男子，那是她的第一个服务对象。当时他并未理睬她，或许因为他觉得一个黄毛丫头并不能帮到自己什么。后来袁雯娜却成功取得了他的信任，

　　帮助他成功戒断毒品回归正常生活。"他现在已经结婚生子了，过得很幸福。"

　　经过不懈努力，参与工作第二年后，袁雯娜就成了工作点的点长，她负责的辖区，其药物滥用人员社区戒毒和康复的签约率也达到了100%。

　　"看到他们现在过得好了，我简直比中彩票还开心！"袁雯娜脸上洋溢着笑容，翻出手机微信聊天记录给记者看，那是某天偶遇的服务对象发给她的消息，对方说道，"谢谢你拉了我一把，不然我如今可能还深陷泥沼，在黑暗的深渊中痛苦不已。"

　　"我觉得我的人生都变得有价值了。"袁雯娜由衷的开心和感动，尽管来时路的一切艰难困苦仍旧历历在目，她觉得自己一路的守护和付出都有了意义。

"社工就好像一粒微光，为服务对象照亮前进的道路，然后与他们携手并进，迎着光一起大踏步地朝前走。"袁雯娜说道。

不惧艰苦付出　助人亦是自助

"这光影流动的 16 年，与其说是我在帮助他人，不如说是他们陪伴着我一路成长，让我走上了今天的舞台。"回首 16 年来的坚守与付出，袁雯娜未曾抱怨过半分"苦"，只是心心念念着帮助他人、助人亦自助的那点"甜"。

2013 年，袁雯娜进入中心管理层，后来又成为青少年社工站的站长，2019 年 6 月成立了启贤青少年社会工作服务中心，她一路成长。

"做青少年社会工作服务最难的就是随着时代的发展，青少年问题越发复杂多样，我始终觉得自己的知识储备不够用。"最初袁雯娜以为只要学会社会工作相关的专业知识就足够了，没曾想后来她还考取了国家二级心理咨询师资格证书，并学习了管理学和财务相关知识。最近她与团队里的小伙伴们一起跟着 PPT 钻研青少年们喜爱的热门手游，努力找到服务网瘾少年时的有效切入点。

转眼间，袁雯娜已经从毕业时的黄毛丫头走到了现在，她的工作内容也从一线转到幕后，作为一名管理者，她又面临着新的挑战，开启了新的征程。

理想信念加上专业知识，是袁雯娜拼搏的底气。至今，她仍旧坚持从幕后去到一线"做个案"，遇到工作瓶颈时她需要扎根一线思考出路，和同伴们使出浑身解数，拿出看家本领想对策，绞尽脑汁帮助身处困境的青少年们走出阴霾，走向阳光。

涓涓细流汇聚成海，点点微光照亮星河。"社会工作陪伴我度过16年青春岁月，而我也将永葆初心，以爱之名，燃起微光，见证更多孩子蜕变、成长！"袁雯娜说。

刘秦春／文　受访者／图

人物名片

袁雯娜，全国社会工作师、国家二级心理咨询师，上海奉贤区启贤青少年社会工作服务中心党支部书记、总干事。毕业至今，持续从事社会工作长达16年。2019年获"上海市杰出青少年社会工作者"称号，2020年获"上海市青年五四奖章"。

周浩：服务社区，让上海更美

　　因为有经济权，所以业委会可以有所作为，也应该有所作为。但是正因为涉及经济，要有所作为，又不乱花钱，这是对业委会成员的公心和管理水平的考验。接下来，我将推动青年人参加社区事务。他们掌握着新的思维、新的办法，所以应该充分利用起青年人的聪明才智。

　　上海是看一个人的才能的城市，只要有才能就会被发现，就会获得认可。上海之所以能够成为改革开放的排头兵，很重要的一点是这座城市有契约精神，承诺的事一定会做好，履约情况没得说，所以上海的营商环境很好。这些城市特质都对我产生了重要影响。

　　周浩说，如果不是在上海，自己不知道还是不是现在这个样子。在这位开着一家物流公司的上海青年业委会委员联谊会会长眼里，上海深刻地改变了他，使他在被广泛认同的同时，有一种参与社会事务，为他人谋幸福的想法。周浩说，这座城市教会自己，如果社会价值实现了，个人价值也一定会实现。

快乐来源：让女儿开心到让大家都开心

　　周浩一直觉得，要领导好一个业委会，首先要当一个好爸爸。上海青年业委会委员联谊会会长要面对许多琐碎之事，而一个好爸爸是充满温情的，这两个身份看上去如此不同，不过在周浩眼里完全一致。

2003 年，22 岁的周浩大学毕业来到上海，在一家物流企业干了 9 年，2012 年他突然决定转型，缘由就是女儿。彼时女儿 3 岁，正读着托班，却因为平时少有父亲的陪伴而有点自闭。"这么不够自信，不是我想象中的女儿嘛！"很多年之后，谈起女儿当时的状况，周浩还是颇为揪心。他决定当一个奶爸，全心全意陪伴孩子。可前提是他必须辞职自己开一家物流公司，这家公司规模还不能太大，以确保他有足够时间给家人。

于是在小区里出现了这样一位父亲，在工作日的下午，他带着一群孩子们玩耍，是一个名副其实的"孩子王"，而他的目的就是希望这群孩子能够接纳自己的女儿，他关注着女儿的变化，企盼有一天孩子能够"走出来"。女儿越发开朗了，周浩也发现自己成了一个公共事务的热衷参与者。女儿上幼儿园后，他是幼儿园家委会的会长，女儿读小学时，他是学校好爸爸讲师团的团长，直至现在女儿读初中，他还担任着学校议事小组的副组长。

周浩并不避讳他参与公共事务之初是存在私心的，就是能够更好地了解女儿的状况，但做公共事务时间长了，他彻底领悟到所谓"独乐乐不如众乐乐"的道理，在为他人服务的同时，他获得了自己的快乐，这份快乐远比自娱自乐更让人激动。

发光发热：在社区积极参与公共事务

周浩很明确地感觉到，是上海这座城市改变了他。18 年前，当他到上海公司做销售员的时候，他还像巴尔扎克笔下的拉斯蒂尼那样充满欲望，充满着一切为了个人的所谓美好生活而必须去做的动机。但是他很快发现，在这座城市只要去努力了，每个人的能力都会被发掘，都会获得发展的平台。

"就拿孩子的教育机会来说吧，我的两个孩子已经获得了从街道到区级到市级的大大小小很多奖项，上海是看一个人的才能的城市，只要有才能就会被发现，就会获得认可。"周浩说。也就是从物流公司辞职之后，周浩创立了自己的物流企业，一个只有五六人的小企业，每个人都兢兢业业、勤勤恳恳，而且极少有应酬之事。

被上海深刻改变的周浩，有了一种要为这座城市做点什么的想法。所以他参与公共事务由私心而起，但最终他还是回归了公心，这是一份"人人为我，我为人人"的公心。2017年周浩居住的静安区临汾名城业委会换届，他成了业委会的委员，从而将他的参与公共事务的公心扩展到了社区建设领域。

分享经验：带动青年人参与社区事务

周浩说，一个小区建设得好不好，业委会的作用至关重要。在加入业委会以来的4年间，周浩做得最为得意的一件事就是主导了小区机动车停车收费及道闸系统升级改造项目。当时他反复和四家公司进行谈判，其中开价最高的一家公司也不过是每年六万元的设备租赁费，而周浩凭借当年自己做销售员的劲头，硬是说服一家公司以每年三万元出头的价格租赁设备，而且说好五年之后，设备归小区所有。这样周浩就为小区节省了每年两万多元的支出。有人觉得周浩没有必要为了小区几万元资金花那么大力气，周浩觉得这些钱还可以做很多事，

而这些事也将影响每个居民的生活。

周浩进一步扩大他的公共事务的外延。在创立了静安区青年业委会委员联谊会之后，他又被团市委推举为上海青年业委会委员联谊会会长。这样，周浩就可以和其他小区业委会成员一起接受集体培训，并且在这个平台上分享各自的业委会运作经验。

最近周浩一直在推动青年人参加社区事务。他说，现在的青年人忙于工作，休息时也宅在家里，很少关心社区，而事实上他们才应该是社区管理的核心力量，他们掌握着新的思维、新的办法，所以应该充分利用青年人的聪明才智。周浩想到的一个办法就是"小手牵大手"，通过举办亲子类活动，让孩子把他们年轻的父母从家里拉出来，渐渐地让他们熟悉小区，提高参与小区管理的兴趣。

现在，周浩在小区居民眼里是一个信得过的领头人。周浩为小区忙前忙后多年，依然乐此不疲，他说一个人的价值有个人价值和社会价值两种，他现在更看中为居民服务的社会价值，而事实上社会价值实现了，个人价值也就实现了。

郦亮／文　施培琦／图

人物名片

周浩，中共党员，静安区临汾路街道汾西路 88 弄业委会委员、上海青年业委会委员联谊会会长、静安区青年业委会委员联谊会名誉会长。

2018 年初，周浩加入小区业委会，成为了一名青年业委会委员。在此期间，建立了"日常巡查制度"，牵头对小区的车辆管理系统进行了升级改造。周浩的很多社区治理的创新做法，在全市范围内得到推广。

图书在版编目（CIP）数据

海聚英才，逐梦前行：新时代上海青年的创新创业故事 / 上海市人才工作领导小组办公室，共青团上海市委员会编 . —上海：上海三联书店，2022.9重印

ISBN 978-7-5426-7696-2

Ⅰ.①海… Ⅱ.①上… ②共… Ⅲ.①青年-创业-上海-文集
Ⅳ.①D669.2-53

中国版本图书馆CIP数据核字（2022）第039974号

海聚英才，逐梦前行：新时代上海青年的创新创业故事

编　　者 / 上海市人才工作领导小组办公室
　　　　　共青团上海市委员会
责任编辑 / 吴　慧
封面设计 / 吴　昉　祝云洁
内页设计 / 徐　徐
监　　制 / 姚　军
责任校对 / 张大伟　董毓玭

出版发行 / 上海三联书店
　　　　　（200030）中国上海市漕溪北路331号A座6楼
邮购电话 / 021-22895540
印　　刷 / 上海南朝印刷有限公司
版　　次 / 2022年7月第1版
印　　次 / 2022年9月第3次印刷
开　　本 / 710×1000　1/16
字　　数 / 155千字
印　　张 / 15
书　　号 / ISBN 978-7-5426-7696-2/D·532
定　　价 / 180.00元

敬启读者，如发现本书有印装质量问题，请与印刷厂联系021-62213990